Claudia Filker (Hg.)

Entfalten statt liften

Frauen erzählen vom Leben ab 50

neukirchener
aussaat

Bildnachweis
S. 45: © Andrea Seemann – Fotolia.com
S. 67: © Joy Fera – Fotolia.com
S. 74: © akg-images/Bruni Meya
S. 79: © R. Brockhaus Verlag Wuppertal
S. 96: © Peter Jobst– Fotolia.com
S. 110: © Sergey Barabanschikov – Fotolia.com
S. 117: © Annett Goebel – Fotolia.com
Weitere Fotos: privat

Textnachweis
S. 74-78: © Dr. Susanne Gaschke, ZEIT Nr. 34 vom 17. 8. 2006
S. 47-48: Lothar Zenetti, Auf Seiner Spur. Texte gläubiger Zuversicht (Topos Plus 327) © Matthias-Grünewald-Verlag der Schwabenverlag AG, Ostfildern, 4. Auflage 2006, www.verlagsgruppe-patmos.de

MIX
Papier aus verantwortungsvollen Quellen
FSC® C083411
FSC
www.fsc.org

Bibliografische Information der Deutschen Nationalbibliothek

Die Deutsche Nationalbibliothek verzeichnet diese Publikation in der Deutschen Nationalbibliografie; detaillierte bibliografische Daten sind im Internet über http://dnb.d-nb.de abrufbar.

4. Auflage 2017

Titelgestaltung: Adriane Krakowski, Braunschweig, unter Verwendung eines Fotos © Gettyimages
DTP: Breklumer Print-Service, Breklum
Verwendete Schriften: AGaramond
Gesamtherstellung: CPI – Ebner & Spiegel, Ulm
Printed in Germany
ISBN 978-3-7615-5567-5

www.neukirchener-verlage.de

INHALT

Warum ich nicht einfach nur so älter werden möchte

Eine Einführung

Vor mir liegt die Vorschau für Buchhändler, die das Buch ankündigt, das Sie, liebe Leserin, jetzt in Händen halten. Der Briefträger hat sie mir ins Haus gebracht. Irritiert greife ich zum Telefon und rufe meine Lektorin an: „Hanna, ich gucke mir gerade das Cover an …"

„Und? Findest du es zu beige oder eher zu gelb?"

„Nein, die Frau – also …" Ich ringe um die richtigen Worte. „Die Frau, guck sie dir doch an. Also ganz ehrlich, die ist einfach zu faltig. Das habe ich vorher auf meinem Bildschirm nicht so gesehen."

Auf der anderen Seite der Leitung herrscht einige Sekunden Schweigen. Und dann bricht meine Gesprächspartnerin in schallendes Gelächter aus. Hanna scheint sich vor Lachen nur mühsam auf dem Stuhl halten zu können, und ich sitze auf meinem mit einer Mischung aus Erleichterung und dem Gefühl, ertappt worden zu sein. Ist ja auch irgendwie ziemlich bescheuert. Da gebe ich ein Buch mit dem genialen Titel „Entfalten statt liften" heraus und sorge mich gleichzeitig um die Negativwirkung von Falten auf dem Buchdeckel. Aber vielleicht ist es ja genau diese irritierende Mischung aus „Anti-Aging-Stress-überlassen-wir-getrost-den-anderen" und der Entdeckung, dass man den beschlagenen Spiegel am Morgen neuerdings als Gnade empfindet, die mich so verunsichert?

Um mich an die neue Lebensphase zu gewöhnen, habe ich schon in meinem 49. Lebensjahr auf die Frage: „Wie alt sind Sie eigentlich, wenn ich fragen darf?", keck mit: „Fast fünfzig" geantwortet, mich natürlich gefreut, wenn es hieß: „Ach, wirklich?" und gleichzeitig gewusst, dass ich pfusche und schon lange das Grau meiner Haare hemmungslos überfärbe.

Ja, ich stehe erst am Anfang der Phase, die in diesem Buch in lebensfrohen, drastischen und aufrüttelnden Lebensbildern beschrieben wird, aber ich habe Grund genug, Dinge zu bedenken und vorzusorgen.

Wir gehören zur Generation mit der langen Lebenserwartung und sind jetzt schon Thema, weil es so viele von uns gibt und nach uns so wenige aufrücken. Die Beschäftigung mit dem Thema Älterwerden wird uns von außen aufgedrückt, könnte man meinen. Das stimmt aber nur halb: Wir sind eben auch die Generation, die alles zum Thema macht, bedenkt, diskutiert. Wir wurden nicht einfach Mutter so wie unsere Mütter. Nein, wir besuchten Geburtsvorbereitungskurse, lasen alles zum Thema Natürliche Geburt, erzogen die Kleinen dann nie ohne einen Stapel Erziehungsratgeber auf Mamas Nachttisch (Papa war da nicht ganz so anfällig), und auch unseren Ehen machten Regale voller Partnerschaftsbücher so richtig Dampf.

Deshalb werden wir eben auch nicht nur einfach so älter, wie das noch unsere Eltern taten und alle Generationen vor ihnen, sondern wir lesen wieder Ratgeber. Dieses Buch dagegen erzählt Geschichten. Allerdings Lebensgeschichten, bei denen als „Nebenwirkung“ eine Menge guter Ratschläge und neuer Ideen ins Herz fallen können.

Als ich ihr von meinem neuen Buchprojekt erzählte, schaute eine 80-jährige Dame mich mitleidig von der Seite an: „Kindchen, Sie sind so weit von meinem Alter entfernt wie vom Leben einer Zwanzigjährigen – und die hat ja bekanntlich ihr ganzes Leben noch vor sich.“ Eine interessante Perspektive. Und dennoch – das Leben ab 50 ist für die meisten eine Zeit der bemerkenswerten Abschiede: Manche sind bereits mit dem Verlust des Partners konfrontiert – durch Tod oder das Ende der Liebe. Die Kinder verlassen das Haus. Und auch das feste Bindegewebe – sollte man es je besessen haben – verabschiedet sich. (Schon beim Aufzählen wird klar, wie banal das Letzte ist. Kaum zu glauben, wie viel Energie wir trotzdem für die Verschleierung dieser Tatsache verwenden ...) Alles in allem: eine harte Trainingszeit in der Disziplin Loslassen und vielleicht eins der schwersten Seelentrainings überhaupt. Und dennoch merken wir: Nur wer die Hände frei hat, kann wieder neu zupacken. Vom „Loslassen“ und „Neuzupacken“ handelt deshalb dieses Buch. „Gesundes Leben heißt entscheiden, heißt Abschied leben und sich in seinen Grenzen verwirklichen“ (Pater A. Lefrank). Ein hilfreicher Dreitakt, der sich in vielen der Beiträge wiederfindet. Als wir sie zusammenstellten, machte uns die große Zahl der „heftigen“ Lebensgeschichten erst etwas zu schaffen. Aber bald merkten wir: Gerade die Erfahrung von Scheitern, Verlust und Tod setzt ungeahnte Kräfte der Veränderung frei, die anderen Mut machen können.

In diesem Buch haben Frauen (und ein Mann!) ihr Lebenshaus geöffnet, um uns Einblick zu gewähren. Alle laden auf ihre Weise zu einem befreienden Lebensgefühl ein, das entfaltet werden will. Eine Frau drückt es so aus: „Jetzt, mit über fünfzig, bin ich stärker und unabhängiger als früher. Ich traue mir mehr zu, habe mehr Mut, in mich hineinzuschauen, zu fragen: Was will ich wirklich? Wer ist Gott und was bedeutet er für mich? Wie und wodurch könnte ich neuen Sinn finden? Wie könnte mein Leben weitergehen?

Ich bin heute auch viel freier, Dinge auszusprechen, einfach zu sagen, was ich denke, was mir wichtig ist, was mich bewegt. Ist das nun richtig? Was werden wohl die anderen sagen? – Solche Zweifel habe ich heute viel seltener. Heute sehe ich mehr die Menschen, ihre Welt, spüre, was dran ist, was ich ansprechen muss. Ich traue mir mehr zu, und deshalb traue ich mich mehr.“ (S. 49)

Wenn der Preis für diese Haltung ein paar Falten sind, dann zahle ich ihn gern und mit befreitem Lachen!

Eine erfrischende Mutmach-Lektüre wünscht Ihnen

Claudia Filker

Katharina v. Schweinitz

Eine ungewöhnliche Platzanweisung

Älterwerden bedeutet oft auch, mehr Zeit zu haben. Berufliche und familiäre Verpflichtungen werden weniger. Klug ist, wer den kostbaren Schatz „Zeit" und all seine Lebenserfahrungen nicht nur für sich behält, sondern mit anderen teilt. Es gibt so viele Möglichkeiten des ehrenamtlichen Engagements – wer wagt, gewinnt! Auch für sich selbst.

Katharina v. Schweinitz, geb. 1944, Juristin, verheiratet, fünf Kinder, lebte viele Jahre mit ihrer Familie im Ausland als Frau eines Beamten des Auswärtigen Amtes.

Mit meinem Mann und der wachsenden Kinderschar bin ich zehnmal umgezogen. Meine fünf Kinder haben Geburtsländer wie Vietnam, Paraguay und Österreich. Wir haben das Vagabundenleben einer Diplomatenfamilie gelebt. So manches Mal haben wir mit Schwung Neues angepackt, ein anderes Mal fiel der Abschied sehr schwer. Vor zwei Jahren wurde diese Zeit ausgeläutet, und wir wurden aus dem afrikanischen Burkina Faso in den Ruhestand verabschiedet.

Viele Einladungen haben wir zu diesem Anlass ausgesprochen und erhalten und immer wieder mit vielen schönen Worten Abschiede gefeiert. Mein Ehemann Mark bekam zuletzt noch feierlich einen Orden überreicht, ich stand dabei, und leider, leider ereilte mich so noch auf den letzten Metern seines Berufslebens die bittere Erkenntnis, dass es eben doch nur *sein* Leben und *sein* Beruf waren, denen ich ganz selbstverständlich mein ganzes verheiratetes Leben lang zugearbeitet hatte. (Und wie ich gearbeitet hatte!) Auch wenn ich mich immer wieder einmal oder sogar oft mit den richtigen Aufgaben und Herausforderungen am richtigen Platz gefühlt hatte, zurück blieb die teils ausgesprochene, teils unausgesprochene Erkenntnis, dass ohne den Einsatz all meiner Kräfte und Gaben wahrscheinlich alles genauso gut gelaufen wäre. Nur dass ich wohl ein paar Sorgen- und Lachfalten und sonstige Blessuren weniger hätte.

Als alle Feierlichkeiten vorbei waren, flogen wir, von Freunden und Botschaftsangehörigen feierlich verabschiedet, in den Ruhestand. In Berlin-Tegel standen unsere Kinder und Enkelkinder und rollten eine selbstgebastelte Banderole aus: „Nie mehr arbeiten!" (Verschiedene Passanten witterten bei einem so vitalen Grüppchen schon gleich einen neuen politischen Wind und blieben hochinteressiert stehen.)

Genau an diesem Tag wendete sich das Blatt: Aus einem fest strukturierten über 38-jährigen festen Arbeitszeitgerüst und vielen Muss- und Kann-Terminen, dazu mehr oder weniger fest abgegrenzter Wochenend- und Ferienzeit fielen wir in einen zähflüssigen Zeitbrei, der uns unerbittlich weiterschob, mal geradezu atemberaubend schnell, mal unbegreiflich langsam. Es gab plötzlich keine Freizeit mehr, weil alles frei war, und es gab nur noch Arbeitszeit, weil eigentlich alles Arbeit war. (Oder doch Vergnügen?) Wir stellten fest: Die Wege in ein Leben als Pensionär sind manchmal ähnlich schwierig und mit Aufregungen verbunden wie die Wege ins Berufsleben – nur liegt dieser Lebensabschnitt dann schon so lange zurück, dass man sich kaum noch an die verschiedenen Befindlichkeiten erinnern kann. Es hat etwas von der Quadratur des Kreises, wenn man die endlich gewonnene *Freiheit von* allen Pflichten (auch mitreisende Partner tragen ja bekanntlich aus Liebe und/oder Loyalität die beruflichen Pflichten mit) in die *Freiheit für* eigene Verpflichtungen umwandelt. Endlich sollen all die Dinge getan wer-

Es gab plötzlich keine Freizeit mehr, weil alles frei war, und es gab nur noch Arbeitszeit, weil eigentlich alles Arbeit war.

den, die man immer schon machen wollte und nie konnte, jedoch ohne dabei die Verfügungsgewalt über das eigene Zeitkonto ganz zu verlieren.

Etwas ziellos schlenderte ich vor fast zwei Jahren in den Trödelladen der Berliner Stadtmission in der Joachim-Friedrich Straße. Ich hatte mir gedacht, dort vielleicht unseren völlig überdimensionierten Auslandshaushalt, der selbst in eine großzügige Berliner Wohnung nicht hineinpasste, etwas entlasten zu können. Sehr freundliche, ehrenamtliche MitarbeiterInnen erklärten mir, wie das geht: In diesem Trödelladen kann man fast alles abgeben: Bücher, Hausrat, Porzellan, Gläser, Tischwäsche, Bettwäsche, Kleider, Schmuck und Dekorationen, kleine und auch größere Möbel. All diese Spenden werden von Ehrenamtlichen in stundenlanger Arbeit sortiert. Wertvolle Sachen wie Antiquitäten, Schmuck, Kristall oder Silber schätzt ein Antiquar (kostenlos), um einen angemessenen Preis zu finden. Mit dem Verkaufserlös dieser für den Spender überflüssigen und sogar eher belastenden Dinge wird, nach Abzug aller Fixkosten für den Trödelladen selbst, das Restaurant gleich nebenan unterstützt. Freundlicherweise wurde ich auch gleich dorthin geführt, damit ich mir ein Bild machen konnte. In der „City-Station“, einem einfachen Restaurant, das eher einer Kneipe gleicht (nur dass es dort keinen Alkohol gibt), wird von Dienstag bis Samstag jeden Abend ein gutes und billiges Essen ausgeteilt. Alles, was geboten wird, kostet einen eher symbolischen Beitrag. Außerdem können die Essensgutscheine, die alle Berliner Kirchengemeinden an Bedürftige ausgeben, hier eingelöst werden.

Neben dem Gastraum, einem Versammlungsraum, der Küche und den Toiletten gibt es in diesem etwas anderen Restaurant auch Duschen und eine Waschküche.

Ein Mitarbeiter der Stadtmission nahm sich viel Zeit, erklärte mir alles und sagte dann fast streng, dass die Gäste der City-Station – viele davon sind die Obdachlosen dieser Stadt – hier wirklich Gäste sind und dass man nur mitarbeiten könne, wenn man dies aus einer

Haltung christlicher Nächstenliebe beherzige. (Wer hatte denn behauptet, dass ich hier arbeiten wollte?)

Er redete weiter: Die täglich angebotenen vier Stunden der Ruhe und Sicherheit in der City-Station, das gute Essen, die Möglichkeiten zu reden, zu duschen oder die Wäsche zu waschen seien ein Vehikel, um Gespräche zu ermöglichen, die dem Lebensweg der Gäste eine andere Richtung geben könnten, wenn sie das denn wünschten.

Wir Wandervögel vom Auswärtigen Amt kennen ja alle den Refrain, dass man über gutes Essen und eine gastliche Atmosphäre den Weg zu den eigentlich wichtigen Gesprächen und Verbindungen ebnet. Diese Logik war mir also durchaus vertraut, mit dem kleinen Unterschied, dass es nicht Minister und Botschafter, Abgeordnete und Direktoren sind, die hier bewirtet werden, sondern Entwurzelte, manchmal ganz offensichtlich Verzweifelte und in jedem Falle Menschen, die ein warmes Essen zu schätzen wissen – ganz sicher mehr, als das die verwöhnten und meist ohnehin satten Gäste in meinem bisherigen Leben getan haben.

Und schon hörte ich mich fragen: „Wann kann ich anfangen?“

Und schon hörte ich mich fragen: „Wann kann ich anfangen?“

Seit diesem Tag trage ich mich für so gut wie jede Woche, die ich in Berlin bin, in eine Liste ein und arbeite fünf bis sechs zugegebenermaßen sehr anstrengende Stunden in der City-Station. Dabei sind wir mehrere Ehrenamtliche und immer auch ein hauptamtlicher Sozialpädagoge oder Pastor, denn es kann jederzeit eine brenzlige Situation entstehen, in der man froh ist, einen Profi mit viel Erfahrung in der Nähe zu wissen.

Wir Mitarbeiter treffen uns um 17.30 Uhr und bereiten alles vor: Die Kaffeemaschinen werden angestellt, Unmengen von Tee werden gekocht (den gibt es kostenlos), die Bestecke müssen in Servietten gewickelt werden (eine Aufgabe, die ich früher immer den Lohnkellnern zugewiesen habe, weil das wirklich jeder kann). Das Tagesmenü, das in der Kantine eines Ministeriums gekocht wurde, wird an die Tafel geschrieben, und dann setzen wir uns zu einem Gebet oder einer kleinen Andacht zusammen. Wir bitten um den Segen Gottes und darum, dass der Abend friedlich sein möge, dass wir wachsam bleiben für die Not der anderen und vielleicht genau das richtige Wort zum richtigen Zeitpunkt finden, um den Gästen dabei zu helfen, einen Weg aus dem Teufelskreis der Arbeitslosigkeit, der Entmutigung, der Selbstaufgabe und Verwahrlosung zu finden.

Wir bitten um den Segen Gottes und darum, dass der Abend friedlich sein möge, dass wir wachsam bleiben für die Not der anderen und vielleicht genau das richtige Wort zum richtigen Zeitpunkt finden.

Wenn wir um 18 Uhr öffnen, steht bereits eine Schlange vor der Tür. Manche haben ihre Habseligkeiten in einem Einkaufswagen verstaut, andere sind beladen mit Plastiktüten, und den meisten sieht man an, dass sie an sich selbst und ihrem Schicksal schwer tragen.

An manchen Tagen herrscht gleich eine knurrige Gereiztheit, denn die Leute sind wirklich durstig und hungrig. Nach ein paar Tassen Tee, einem Eintopf oder dem Menü sieht die Welt schon ganz anders aus.

Für die Waschmaschinen und für die Duschen liegen Listen aus, und viele tragen sich ein und gehen dann nach dem Essen frisch geduscht und mit gewaschener Wäsche in die Nacht. Das ist doch schon mal ein kleiner Anfang.

Ich belasse es vorläufig noch bei Gesprächen über das Wetter, das Essen oder die Tagesereignisse und kommentiere nicht, was man mir erzählt. Immer wieder höre ich refrainartig, wer alles schuld sei am Zustand der eigenen Situation: die Eltern, Großeltern oder Geschwister, die Scheidung, die Behörden, der Krieg, die Wiedervereinigung oder ganz allgemein die Zustände überhaupt – alle und alles, nur nicht man selbst. Ich traue mich trotz über 30-jähriger gesellschaftlicher Routine nicht zu fragen, wann und warum und wodurch das Leben wirklich aus dem Ruder lief. Zum Teil sind es wilde und verwilderte Gestalten, in letzter Zeit auch viele jüngere

Männer, aber auch Frauen. Manche wiederum sehen so gepflegt aus, dass ich mich (nicht sie!) frage, warum sie nicht auf meiner Seite des Tresens stehen. Etwa zwanzig Prozent unserer Gäste sind Akademiker, einige sprechen sehr gut Fremdsprachen, einer konnte kürzlich die Definition des Kammertons A wie aus dem Lehrbuch heruntersagen, eine Dame erklärte mir den Unterschied in der Produktion von Cellophan und Plastik und erwähnte nebenbei, dass sie Chemie studiert habe.

Ich habe hier gelernt, dass soziale Entwurzelung und das durchaus oft absichtliche, aber auch das versehentliche Durchrutschen durch alle staatlichen Auffangnetze nicht unbedingt ein Zeichen von Dummheit oder mangelnder Bildung sind. Und im Umkehrschluss: dass ein gewisser sozialer Status und Bildung nicht in jedem Fall vor dem Abstieg auf die Straße feit. Auch wenn in Berlin niemand wirklich hungern muss, weil es in allen Stadtteilen Anlaufstellen für Bedürftige gibt, ist das Leben auf der Straße hart und die Vereinsamung unbarmherzig. Hartz IV sieht in der Praxis oft ganz anders aus als das, was ich in der Zeitung darüber gelesen und im Fernsehen gesehen habe, zumal das sehr knapp bemessene Geld oft am nächsten Tag schon ausgegeben ist, für was auch immer.

Ich bringe in meine ehrenamtliche Tätigkeit meine Arbeitskraft und sehr viel guten Willen und Lebenserfahrung ein, auch wenn Letztere hier kaum anwendbar ist. Mein Gewinn ist der Einblick in eine ganz andere Welt: Hier gilt nicht, dass Zeit Geld ist.

Ich bringe in meine ehrenamtliche Tätigkeit meine Arbeitskraft und sehr viel guten Willen und Lebenserfahrung ein, auch wenn Letztere hier kaum anwendbar ist. Die verhältnismäßig flexiblen Einsatzzeiten lassen mir noch Freiraum für viele andere Dinge. Mein Gewinn ist der Einblick in eine ganz andere Welt: Hier gilt nicht, dass Zeit Geld ist. Aber Zeit ist kostbar und muss gut organisiert und genutzt werden, um alle Aufgaben zu erfüllen. Dann ist da jedes Mal die bange Frage, wohin unsere Gäste gehen, wenn sie das Restaurant verlassen.

Und immer wieder auch die Frage: Wie kann es sein, dass jemand das „normale Leben“ als so einengend und unerträglich empfindet, dass er die „Freiheit“ des Nichtsesshaften vorzieht – mit allen Schwierigkeiten, die daraus erwachsen?

Zu jeder Zeit bieten sich die professionellen Mitarbeiter zu Gesprächen für die Ehrenamtlichen an, weil sie genau diese Gedankengänge nur zu gut kennen, diese Achterbahn zwischen Hoffnung und Verzweiflung angesichts der schweren Schicksale, denen man hier begegnet.

Und doch erleben ich durch mein Engagement eine große Bereicherung meines Lebens: Die Stadtmission hat ein weites und personalintensives Arbeitsfeld und kann diese Aufgaben nur mit einem motivierten und zuverlässigen ehrenamtlichen Mitarbeiterstab bewältigen. Und weil das so ist, „pflegt“ man bei der Stadtmission die Ehrenamtlichen, die mit dieser Arbeit in ihrer Freizeit helfen wollen, die Stadt an einem extremen Problemfeld zu einem besseren Ort zu machen. Regelmäßig gibt es Mitarbeiterabende mit einem kleinen, sehr guten Essen und mit interessanten Vorträgen zu Themen aus den verschiedenen Bereichen der Stadtmission wie Drogenprävention, Übergangsheime für entlassene Strafgefangene, Frauenhäuser, Kinderspielplätze für die Winterzeit und vieles mehr.

Einmal hatte ich die Gelegenheit, eine ganze Nacht lang bis vier Uhr morgens bei heftigem Schneetreiben im „Kältebus“ mitzufahren, der auf Hinweise aus der Bevölkerung hin oder weil sie am Straßenrand zu sehen sind, Menschen aus der Kälte holt und an einen sicheren Ort zur Notübernachtung bringt. Manche Menschen wollten nur einen heißen Kaffee und ein paar Brote nehmen, andere konnten wir dazu bewegen, die Notübernachtung und einen Arzt aufzusuchen. Ich hatte schon im heißen Afrika in der „Deutschen Welle“ einen Bericht über diese Arbeit gesehen, und jetzt, nach der ungewöhnlich kalten und langen Winterperiode zu Beginn des Jahres 2006, durfte ich zu den Mitarbeitern der Stadtmission gehören, die zu recht stolz darauf waren, dass in Berlin kein Mensch erfror.

Seit dieser Fahrt sehe ich Berlin mit anderen Augen: den Bahnhof Zoo und sein nächtliches Umfeld, Menschen auf tiefverschneiten Parkbänken im Tiergarten, den Busbahnhof und die zentralen U-Bahnhöfe, einen Mann in einem Erdloch im Grunewald, der von seinem Umfeld so bitter enttäuscht wurde, dass er es vorzieht, sein Essen mit dem Fuchs zu teilen.

Das erste Jahr meines Engagements ist wie im Flug vergangen. Bei all meinen vielen Aktivitäten im Ausland in den verschiedensten Institutionen hatte ich immer schon das bohrende Gefühl, dass es auch bei uns in Deutschland so viel zu tun gibt. Und da bin ich jetzt angekommen. Das Zusammenarbeiten mit den anderen Mitarbeitern empfinde ich als einen großen persönlichen Gewinn: Frauen und Männer aller Altergruppen aus den verschiedensten Berufen und Ländern gehören dazu. Sie kommen aus Polen, Japan, Holland, Russland, Frankreich und vor allem aus Berlin. Sie sind Rechtsanwältin, Koch, Lagerarbeiter, Pastorenfrau, Unternehmensberater, Übersetzerin, Frisöse, Philosoph, Studienrätin und Schriftstellerin. Ich füge mich nahtlos ein und fühlte mich nur am Anfang als etwas ungewöhnlicher Vogel. Ich verkleide mich auch nicht, ich gehe so zu meiner Arbeit, wie ich in jedes andere Restaurant auch gehen würde. Ich bemühe mich um Toleranz und nehme sie auch für mich in Anspruch. An diesem kleinen Punkt der Welt verändert sich etwas zum Guten.

Christa Kümmel

„Eigentlich wollte ich schon immer mehr“

War sie nicht erst gestern noch Familienfrau in einer sechsköpfigen Familie? Das Haus voller junger Menschen. Das volle Leben. Mit Anfang fünfzig findet sich eine Frau nach dem Tod ihres Mannes und dem Auszug der vier Töchter allein im großen Haus wieder. „Das kann es nicht gewesen sein. Ich will mehr.“ Die Sehnsucht gibt ihr Mut, die Zelte abzubrechen und etwas ganz Neues zu wagen.

Christa Kümmel, geb. 1951, ist gelernte Kinderpflegerin, verwitwet und Mutter von vier Töchtern.

Irgendwie schaffe ich es, den Schlüssel im Zündschloss zu drehen. Ich stehe neben mir und wundere mich. Alles funktioniert wie von selbst. Gang einlegen, raus aus der Parklücke. Runter vom Parkplatz. Im Rückspiegel verschwindet das klotzige Krankenhaus wie ein Monster im Nebel.

„Eigentlich kannst du jetzt nicht Auto fahren.“ Wie vernünftig man sein kann, wenn einem gerade der Boden unter den Füßen weggezogen wurde. Die Tränen laufen. „Jetzt am Lenkrad sitzen? Das ist gefährlich, Christa.“ Bin ich das, die das gerade denkt? Aber ich will nur noch heim. Mit meinem Willi an der Seite. Zusammengesunken sitzt er auf dem Beifahrersitz.

Doch, ich habe Hoffnung gehabt. Eben noch. Gegen alle diffusen Ängste. Bis der Arzt kam. Es war der vierzehnte Arzt, bei dem wir vorhin saßen, Willi und ich. Hinter uns lag wieder eine Nacht, in der mein Mann stöhnend durch das Haus gelaufen war. Weil diese Schmerzen, diese wahnsinnigen Schmerzen ihn um den Schlaf brachten. Dreizehn Mal wurde er in den letzten vier Monaten vertröstet: Sie haben eine Gelenkentzündung. Sie haben Zug bekommen. Ihr Mann hat schwere Depressionen. Hatten Sie nicht in letzter Zeit einen Zeckenbiss?

Es gibt viele Möglichkeiten, sich zu irren – und sich beruhigen zu lassen.

Noch einmal hat der Arzt einen Blick auf die Röntgenbilder geworfen. Und dann ohne Umschweife gesagt, was gesagt werden musste. Weil die Wahrheit sowieso brutal ist, egal ob in viele oder wenige Worthülsen verpackt. Dass Willis Krebserkrankung doch nicht geheilt ist, die Metastasen sich schon so ausgebreitet haben, dass keine Chance auf Heilung mehr besteht.

„Ein paar Monate noch, mehr Zeit wird Ihnen wohl nicht mehr bleiben."

Lange schweigt Willi neben mir im Auto. Dann sagt er: „Ich würde so gern noch bei dir bleiben und dir alle Möbel der Welt kaufen!" Und ich erwidere nur: „Ich brauche keine neuen Möbel. Ich möchte nur dich!"

Wie oft hatten wir uns in den Jahren darüber auseinandergesetzt. „Wir brauchen doch keine neuen Möbel. Ist doch Geldverschwendung. Die halten bis an unser Lebensende!" Darauf hatte mein Mann immer gepocht, und nun sollte er tatsächlich Recht behalten. Wie so oft in unserer Ehe. Bis an sein Lebensende würden diese Möbel tatsächlich noch halten. Aber jetzt wollte er nicht mehr Recht behalten, sondern nur noch leben. Doch nichts konnte den Tod mehr aufhalten.

Aber jetzt wollte er nicht mehr Recht behalten, sondern nur noch leben. Doch nichts konnte den Tod mehr aufhalten.

Wenn man das so erfährt, wird plötzlich vieles auf den Kopf gestellt. Vielleicht ist es ja das Geheimnis, warum wir doch noch so viel Freude aneinander hatten in diesen letzten Wochen. Weil wir nicht mehr so abgelenkt waren von all den unwichtigen Dingen. Wir haben viel gelacht. Wir haben uns ausgesprochen. Verziehen. Gesagt, wie lieb wir uns haben. Ich möchte diese intensivsten Wochen meines Lebens nicht missen. Auch unsere vier Töchter waren häufig da. Alle haben sich verabschiedet. In uns war ein tiefer Friede.

In diesem Moment im Auto ahnte ich jedoch nicht, dass ich mich wenige Jahre später von vielen unserer Möbel trennen würde. Nein, neue habe ich mir nicht gekauft. Neue Möbel bedeuten mir tatsächlich nichts mehr.

Wenige Wochen vor seinem Tod hatte Willi heimlich eine meiner Töchter gebeten, einen Ring für mich zu besorgen. Er schenkte ihn mir zum Geburtstag. Wenige Tage später starb er.

Manche wunderten sich, als ich schon zwei Wochen nach seinem Tod meinen Ehering auszog und ihn gegen sein Geschenk austauschte. Aber ich hatte ganz stark das Gefühl in mir: „Du hast keinen Mann mehr. Du bist jetzt keine Ehefrau mehr."

Und noch ein Gefühl breitete sich mit erstaunlicher Kraft aus: „Ich will noch etwas ganz anderes machen. Gott, was hast du jetzt mit mir vor?"

Aber ich hatte ganz stark das Gefühl in mir: „Du hast keinen Mann mehr. Du bist jetzt keine Ehefrau mehr."

Und noch ein Gefühl breitete sich mit erstaunlicher Kraft aus: „Ich will noch etwas ganz anderes machen. Gott, was hast du jetzt mit mir vor?"

Ich habe diesen Gedanken dann schneller in die Tat umgesetzt, als ich es selbst für möglich gehalten hätte. Obwohl er am Anfang noch eher diffus war. Doch der erste große Schritt auf ein neues Ziel zu geschah dann schon nach einem Jahr: Ich ging wieder zur Schule.

Nicole sitzt neben mir, ist zwanzig Jahre alt und hat gerade das Abitur gemacht. Frank ist 32, er hat sich eine Auszeit in seinem Beruf genommen. Beide könnten sie meine Kinder sein, aber sie sind meine Kurskollegen in einem Theologischen Seminar in der Schweiz. Ein Jahr ist mein Mann tot, und ich mache hier etwas ganz Verrücktes. Ich hole etwas nach. Ich will es auch beweisen. (Mir? Oder auch den anderen?) Endlich das machen, was ich mir lange verwehrt habe: lernen.

Ich fühle Energien, neue, ungeahnte Kräfte. Sehnsüchte brechen durch, die ich lange zurückgehalten, vielleicht sogar unterdrückt habe. Weil wir uns damals so anders entschieden hatten, Willi und ich. Oder, ehrlich gesagt: weil Willi so anders entschieden hatte. Aber gespürt habe ich es immer. Wenn die Leute mich nach meinem Beruf fragten, brachte ich immer nur ein „Kinderpflegerin" heraus. Das „Nur" konnte ich mir gerade noch verkneifen. Willi hatte das am Anfang unserer Beziehung so entschieden. „Eine einjährige Ausbildung reicht doch. Warum willst du noch eine längere Ausbildung machen?" Ich habe mich gefügt. Bin in seiner Spur gelaufen und habe das „Schmalspurgefühl" behalten. Und später auch irgendwie meinen Frieden damit gefunden. Oder besser gesagt, nicht immer dagegen angelebt. Aber vielleicht bin ich deshalb jetzt so wagemutig. So radikal, wie viele sagen.

Ich fühle Energien, neue, ungeahnte Kräfte. Sehnsüchte brechen durch, die ich lange zurückgehalten, vielleicht sogar unterdrückt habe.

„Du bist so anderes, als wir dich kennen, Christa." Das sind solche Festhalte-Sätze. Von Freunden. Von Verwandten.

„Was machst du denn da?"

Ich bin ihnen fremd geworden. Sie halten mich für überdreht. Für extrem.

Ein Jahr habe ich das Theologische Seminar besucht. Es war eine anregende, aufregende Zeit. Eine Zeit, in der ich unerkannte Begabungen spürte: dass ich gut mit jungen Menschen in Kontakt komme, zum Beispiel, und ein gutes seelsorgerliches Gespür habe. Als das Jahr vorbei war, bin ich erst einmal in ein tiefes Loch gefallen. „Und nun, Gott? Das war's doch jetzt nicht schon, oder?"

Nein, das war es noch nicht.

„Ich wünsche Ihnen alles Gute für Ihre Zukunft. Und wenn ich Ihnen einen Rat geben darf, Frau Kümmel: Hängen Sie sich nicht an Ihre Kinder!" Dieser Satz war für mich ein Schlüsselsatz. Es war

Willis behandelnder Arzt, der es wagte, so direkt zu sein. Einige Monate nach Willis Tod hatte er mich noch einmal zu einem Gespräch gebeten. Ob er spürte, was mich umtrieb?

„Hängen Sie sich nicht an Ihre Kinder!“ Wenn die Zweifel kommen, denke ich auch an diesen Satz. Und die Zweifel kommen mit Macht. Denn plötzlich sind da große Pläne am Horizont.

„Mama, wir haben schon den Papa verloren, du kannst doch nicht auch noch weggehen.“

„Christa, du gehörst zu deinem Haus. Zu deinen Enkelkindern.“

„Was willst du eigentlich, du hast daheim zu bleiben!“

„Das passt nicht zu dir!“

Was passt nicht zu mir? Dass ich so ausbreche? Ich weiß, ich gehe ungewöhnliche Wege. Und weil ich eigentlich so eine Liebe, Sanfte bin, habe ich die Leute damit besonders überrascht. Außerdem macht es sowieso Angst, wenn vertraute Menschen die normalen Wege verlassen. Ich verlasse meine beschauliche hessische Kleinstadt. Ich verlasse meinen gepflegten Garten, mein schönes Haus, die Nähe der Kinder und Enkelkinder. Ich verlasse eine Gemeinde, in der wir uns jahrzehntelang wohlgefühlt haben. Ich verlasse sicheres Terrain und gehe nach Prenzlau. Es ist eine Stadt, in der sich viele Probleme eines ostdeutschen Ortes verdichten: hohe Arbeitslosigkeit, Überalterung, kaum Ausbildungsplätze. Tiefe Spuren des DDR-Atheismus haben sich in die Seelen eingeritzt.

Außerdem macht es sowieso Angst, wenn vertraute Menschen die normalen Wege verlassen.
Ich verlasse alte Sicherheiten und lasse mich ganz auf etwas Neues ein.

Ich verlasse alte Sicherheiten und lasse mich ganz auf etwas Neues ein. Ich werde Mitarbeiterin in einem evangelisch-diakonischen Projekt, einer Art Lebenszentrum. In diesem Haus ist eine Wohngemeinschaft geplant, zu der ich gehören werde. Werkstätten für Jugendliche sollen eingerichtet werden, dazu wird ein Gemeindezentrum für Gottesdienste und Begegnung entstehen. Aufbruch!
Meiner jüngsten Tochter fiel es ganz besonders schwer, mich ziehen zu lassen. Sie hat mir harte Fragen gestellt, stundenlang mit mir dis-

kutiert. Aber dann haben wir vor einiger Zeit in einer anderen Stadt gemeinsam einen Gottesdienst besucht. Als Unbekannte sitzen wir unter den Besuchern und hören die Predigt: „All die Menschen hier im Gottesdienst, die es sich gut in ihrem Ruhestand eingerichtet haben, ihr Vorgärtchen pflegen, Mallorca besuchen. Wenn da noch Kräfte sind, lasst euch von Gott gebrauchen ..." Mir laufen Tränen über die Wangen. Nach dem Gottesdienst nimmt mich meine Tochter in den Arm: „Es ist dein Weg. Mama, geh!"

Protokoll: Claudia Filker

Ilse Falk

Wie ich Politikerin wurde ... und es auch blieb

„Hausfrau" kann man als Berufszeichnung auf der Homepage des Bundestags für die Bundestagsabgeordnete Ilse Falk lesen. Tatsächlich lernte sie die Politik des alltäglichen Lebens an der Basis: Familienmanagerin einer großen Familie, Schulpflegschaft, Engagement in der Kirchengemeinde, Umweltschutz vor der Haustür ... Als Endvierzigerin wagt sie den Sprung in die „große Politik" und lässt sich in den Bundestag wählen.

Ilse Falk, geb. 1942, ist gelernte Gärtnerin, seit 44 Jahren verheiratet und Mutter von vier Kindern. Sie lebt am Niederrhein und war von 1990 – 2009 Mitglied des Deutschen Bundestages.

Solche Augenblicke vergisst man nicht so leicht. Da stand ich also vor Parteifreunden und Parteifreundinnen der Partei, in die ich fünf Jahre zuvor eingetreten war, und sollte meine Bewerbung zur Bundestagswahl 1990 begründen. Ich hatte mich gründlich vorbereitet, jeden Satz ausgefeilt und trug nun Seite um Seite vor. Nichts Politisches, jedenfalls nichts Parteipolitisches stand im Vordergrund. Diejenigen, die mir ihr Vertrauen geben und mich hoffentlich als ihre Kandidatin wählen würden, sollten vielmehr etwas über mein bisheriges Leben, meine Werte und Grundsätze erfahren.

Die Delegierten hörten aufmerksam zu. Aber ausgerechnet diejenigen, die mich besonders unterstützten – die Frauen – wurden zunehmend unruhig: „Zu lang ...", „Komm zum Schluss", hörte ich es raunen. Ich konnte aber nicht zum Schluss kommen, denn mein Konzept war schließlich sorgfältig aufgebaut, und jeder Satz war wichtig. Fand ich! Und außerdem war ich viel zu aufgeregt und rhetorisch auch völlig unfähig, mal eben so locker einen eindrucksvollen Schluss zu finden. Da mussten wir also alle durch.

Nach mir stellten sich zwei weitere Mitbewerber vor, erfahren im politischen Geschäft, männlich-selbstsicher, und natürlich hielten sie ihre Vorträge völlig frei. Das war's dann wohl, dachte ich, kleiner Ausflug in den Vorraum der großen Politik ...

Wie verblüfft war ich, waren wir alle, als dann das Ergebnis der Wahl vorlag: Ich hatte bereits im ersten Wahlgang die Mehrheit der Stimmen bekommen. Keine Niederlage, keine Stichwahl! Offensichtlich war meine Überlegung doch nicht so ganz verkehrt gewesen: dass es wichtig ist, zu wissen, was das für ein Mensch ist, dem man eine wichtige Aufgabe zutraut, zu wissen, wovon dieser sich leiten lässt.

Nun wurde er also Wirklichkeit – der Sprung ins kalte Wasser! Ich wusste, dass das alles eigentlich viel zu früh kam und dass mir unendlich viele Erfahrungen fehlten. Andererseits bekommt man als Endvierzigerin das Angebot einer Kandidatur ganz sicher nur einmal. Also nahm ich, nachdem ich „A" gesagt hatte, all meinen Mut zusammen, sagte auch „B" und stellte mich den neuen Herausforderungen.

Nun wurde er also Wirklichkeit – der Sprung ins kalte Wasser! Ich wusste, dass das alles eigentlich viel zu früh kam und dass mir unendlich viele Erfahrungen fehlten.

Ein neuer Lebensabschnitt begann, und die Ahnung, dass ich mich auf unbekanntes Terrain begab, wurde schnell zur Gewissheit. Was waren schon fünf Jahre Parteimitgliedschaft angesichts all der Erfahrungen und Erwartungen um mich herum? Ich glaube, ich habe meiner Partei damals in all meiner Ahnungslosigkeit so manches zugemutet. Aber sie hat zu mir gehalten, und ganz allmählich wurden wir sicherer im Umgang miteinander.

Ein Wahlkampf in Zeiten, die sicherlich zu den spannendsten in der deutschen Geschichte gehören, folgte unmittelbar auf die Kandidatenkür und schließlich der Einzug in das erste gesamtdeutsche

Parlament im wiedervereinten Deutschland. Das war unglaublich aufregend – und hatte doch zugleich auch fast etwas Unwirkliches.

Ich war nun eine „öffentliche Person". Man kannte meine persönlichen Daten, man wusste, wie ich über was dachte und wie ich abstimmte. Und erwartete von mir, dass ich „unsere" Politik erklärte und begründete. Zugleich gab es Versuche, mich in meiner Meinung zu beeinflussen: Ich müsse mich so und so verhalten, denn ich wolle doch nicht bestimmte Wähler verlieren, oder? Nein, das wollte ich natürlich nicht. Aber mich dafür verbiegen? Das wollte ich erst recht nicht! Schnell wurde mir klar, welch unschätzbarer Vorteil es war, unabhängig zu sein – frei im Geist und frei vom Zwang, wieder gewählt zu werden! So unsicher ich auch im Auftreten und Reden war, so sehr halfen mir klare Wertvorstellungen sowie menschliche und wirtschaftliche Sicherheit, den aufrechten Gang nicht zu verlieren.

Schnell wurde mir klar, welch unschätzbarer Vorteil es war, unabhängig zu sein – frei im Geist und frei vom Zwang, wieder gewählt zu werden!

Rückblickend erkenne ich immer mehr, wie viel ich dabei meiner Familie verdanke – meinen Eltern, meinem Mann und unseren Kindern. Und weil das so ist, macht es Sinn, ein wenig zurückzuschauen und die Lebensabschnitte zu betrachten, die damals hinter mir lagen.

Interessanterweise wird mir, je älter ich werde, immer klarer, welch prägende Kraft das Elternhaus hatte. Als Tochter eines Richters, der das abwägende Urteil und noch viel mehr den Vergleich zwischen den streitenden Prozessgegnern suchte und dabei immer zuerst die Menschen und erst dann das Gesetz im Blick hatte, lernte ich schon früh, selbst für Recht und Gerechtigkeit einzutreten. Das selbstverständliche Übernehmen von Ehrenämtern wurde uns fünf Kindern ebenso vorgelebt wie soziales Engagement für diejenigen, die der Hilfe bedurften. Bücher, Theater und Konzerte spielten eine wichtige Rolle, aber Politik oder gar Parteipolitik kamen nicht vor. Jedenfalls erinnere ich mich nicht daran.

So war es mir ganz sicher nicht in die Wiege gelegt, dass ich eines Tages Politikerin werden würde. Im Gegenteil: Ich gehöre einer Generation an, die noch in „Stand und Religion hineingeboren“ wurde, für die damit ein Weg vorgezeichnet war, der in Ehe und Familie als einer Lebensform mündete, in der der Mann die ökonomische Basis sicherte und der Lebensentwurf der Frau sich am „Dasein für andere“ orientierte. Ein Weg, den ich allerdings gerne bereit war zu gehen, weil er meiner eigenen Lebensvorstellung entsprach. Ich wollte nicht studieren (obwohl das für meine vier Brüder selbstverständlich war), sondern mit möglichst viel Praxiserfahrung Gartenarchitektin werden. Dass das nicht unbedingt ein erfolgversprechender Weg war, konnte mir zu dem Zeitpunkt niemand klar machen. Außerdem wollte ich – und das war noch viel wichtiger – heiraten und eine große Familie haben, so wie ich es in einer glücklichen Kindheit selbst erlebt hatte.

So war es mir ganz sicher nicht in die Wiege gelegt, dass ich eines Tages Politikerin werden würde.

Nach heftigen Diskussionen setzte ich durch, dass ich nach der elften Klasse die Schule verlassen durfte. Ein Jahr in einer Maidenschule (eine besondere Form der Landfrauenschulen) folgte, und schon während der dann anschließenden Gartenbaulehre tauchte Peter auf, mein späterer Mann. Seine Eltern, als Siebenbürger Sachsen endlich dem Kommunismus entronnen, waren in das Nachbarhaus eingezogen, während Peter sofort in Bonn das ihm in Rumänien verwehrte Studium aufnahm (sein Vater war Rechtsanwalt und er deshalb „ungesunder Herkunft“) und nur ab und zu in Celle auftauchte. Sein Interesse für die Nachbarstochter war aber wohl doch so beunruhigend, dass meine Mutter eiligst Brombeeren an den bis dahin leicht zu überwindenden Gartenzaun pflanzte, fand sie doch, dass ich noch viel zu jung für ernste Absichten war. Aber wie das Schicksal so spielt – die Liebe wuchs deutlich schneller als die Hecke, und so stand nach Lehrabschluss und vier Monaten in einer schwedischen Gärtnerei zur Aufbesserung der Aussteuer der Hochzeit mit gerade 21 Jahren nichts mehr im Weg.

Unsere Zwillingstöchter Bettina und Charlotte waren die große Überraschung am Ende des ersten Ehejahres, hatten wir doch „nur" mit einem großen Jungen gerechnet. Knapp zwei Jahre später folgte Hermann und dann mit deutlichem Abstand von sieben Jahren unser „Sonnenschein fürs Alter", Hannes. Wir waren glücklich: Mein Mann war der Hausherr, zuständig für die „Außenbeziehungen", und ich die selbstbewusste Herrin des Hauses, dankbar dafür, dass wir es uns leisten konnten, dass ich zu Hause blieb. Das bedeutete zwar manchen Verzicht, manch genaues Rechnen, aber anderen ging es genauso, und wir entbehrten nicht wirklich etwas.
Wir lebten quasi auf einer Insel, wohnten in einem kleinen Dorf in einer (keineswegs perfekten) ehemaligen Schule, die auch für Peters Büro ausreichend Platz bot. Er hatte sich inzwischen als Öffentlich bestellter Vermessungsingenieur selbständig gemacht. Wir besaßen keinen Fernseher, die Kinder brauchten keinen Kindergarten, weil es in der Nachbarschaft genügend andere Kinder und dazu Spielraum im Überfluss gab. Vorlesen, Selberlesen und Malen regten die Kreativität an, gemeinsam gefeierte Feste und praktizierte Gastfreundschaft taten ein Übriges. Uns war klar, dass diese Art zu leben ein echtes Privileg war. Aber wir waren uns sicher, dass wir damit unseren Kindern einen Schatz für ihr Leben mitgaben, den ihnen keiner mehr würde nehmen können: die Erfahrung von Geborgenheit und Verlässlichkeit einerseits und die Entwicklung von Selbstbewusstsein und Verantwortungsgefühl andererseits.

Parteipolitik war noch ein Fremdwort für mich, wenngleich das Mitgestalten von Klassen- und Schulgemeinschaft ebenso wie von Gemeindeleben natürlich in hohem Maße politisch ist.

Die Kinder wurden größer, und wie das so ist, begann für mich die Zeit der Ehrenämter. Zuerst in der Schule, dann als Presbyterin in unserer kleinen evangelischen Kirche machte ich die ersten tastenden Schritte in öffentliche Aufgaben. Parteipolitik war noch ein Fremdwort für mich, wenngleich das Mitgestalten von Klassen- und Schulgemeinschaft ebenso wie von Gemeindeleben natürlich in hohem Maße politisch ist. In diesen Jahren wurde in der Folge der 68er-Bewegung vieles Überlieferte infrage gestellt, und immer wieder kamen wir in hitzige Auseinandersetzungen über den „richtigen" Weg der Kirche. Krieg und Frieden, Wehrdienst und Aufrüstung, Entwicklungspolitik (vor allem in Mittelamerika), dazu all die innerkirchlichen Fragen nach Gottesdienstordnung und Abendmahl – die Presbyteriumssitzungen dehnten sich in der Regel bis Mitternacht aus.

Die Familie begleitete mein Tun kritisch, aber wohlwollend. Inzwischen war ja auch für die Kinder die Zeit der Veränderung und des Aufbruchs gekommen. Sie verbrachten alle das elfte Schuljahr im Ausland, und wir lernten, mit dieser Trennung auf Zeit zu leben. Als Bettina und Charlotte 18 Jahre alt waren, traten wir drei Frauen gemeinsam in die CDU ein. Die Töchter wurden aktiv in der Jungen Union, und ich selbst übernahm Ämter in der Partei und stellte mir eigene Themen. Ich gründete zum Beispiel einen Umweltarbeitskreis, um praktische Hilfestellung für umweltbewusstes Handeln im Nahbereich von Haushalt und Familie zu vermitteln. In der Kirchengemeinde starteten wir eine Eine-Welt-Gruppe, die mir viel bedeutete, machte sie doch den Blick über den Tellerrand möglich.

Für Bettina hatte das Studium der Elektrotechnik in Aachen begonnen, und Charlotte wurde zu ihrer großen Freude an der Fachhochschule für Modedesign in Hamburg angenommen. Studentenbuden wurden bezogen und WGs gegründet – ich half, wo es ging, und freute mich, dass wir uns so gut verstanden. Bettina kämpfte hart, um sich in der Männerdomäne Elektrotechnik zu behaupten, Charlotte rang um anspruchsvolle, ausgefallene Entwürfe und zeigte hervorragende Ergebnisse in der Malerei. Eigentlich lief alles wunderbar, und wir sahen voller Vertrauen in die Zukunft.

Bis, ja bis eines Tages, 1987 oder 1988, aus heiterem Himmel ein Anruf aus Hamburg kam: Charlotte war in einer Art epileptischem Anfall in der Fachhochschule zusammengebrochen und mit dem Notarztwagen ins Krankenhaus gebracht worden. Ich ließ alles stehen und liegen und machte mich natürlich sofort auf den Weg zu ihr. Ich fand sie matt und zutiefst verunsichert vor. Was konnte das bedeuten? Quälende Untersuchungen brachten kaum Erkenntnisse, aber immerhin erholte sie sich rasch. Ein paar Tage zu Hause – Weihnachten stand vor der Tür – halfen ihr, Tritt zu fassen, und so ließen wir sie im neuen Jahr wieder ziehen. Vielleicht war das alles nur Überanstrengung gewesen?

Noch ahnten wir nicht, was sich mit diesem Alarmsignal ankündigte. Noch überlagerten die vielen neuen Herausforderungen des Alltags mühelos den Gedanken daran, dass unsere heile Welt Risse bekommen könnte.

Hermann studierte inzwischen nach Ableisten des Wehrdienstes Jura und schickte sich so an, in die Fußstapfen seiner beiden Großväter zu treten. Hannes fand sich plötzlich in der Rolle eines Einzelkindes. Er besuchte das Gymnasium und suchte Ausgleich in der gemeindlichen Jugendarbeit unserer Kirchengemeinde.

Peter, mein Mann, war eigentlich derjenige, der die meisten Veränderungen seines vertrauten Umfelds hinnehmen musste, als ich das Bundestagsmandat übernahm. Das Auf und Ab des freien Berufes hatte er gelernt zu ertragen, immer in der Gewissheit, dass auf schlechte Zeiten auch wieder gute folgen würden. Aber die familiären Veränderungen trafen ihn doch in besonderem Maße. War bis dahin die Teestunde am Vormittag und erst recht die am Nachmittag lieb gewordene und unverzichtbare Gewohnheit, das gemeinsame Mittagessen fast immer möglich und abendliche gemeinsame Büroarbeit notwendige Selbstverständlichkeit, so war er jetzt viel allein und musste sich zudem auch noch um so manch praktische Seite des Haushalts kümmern. Dank unserer klaren Aufgabenteilung war das nie nötig gewesen und für ihn ungewohnt. Ich wohnte in den Sitzungswochen von Montags bis Freitags in Bonn, und auch wenn ich zu Hause am Niederrhein

Gemeinsame Zeit wurde plötzlich ungemein wertvoll, und wir wurden uns einmal mehr bewusst, welch Geschenk die bis dahin erlebten Jahre mit der Familie waren.

war, war ich viel unterwegs in meinem Wahlkreis. Gemeinsame Zeit wurde plötzlich ungemein wertvoll, und wir wurden uns einmal mehr bewusst, welch Geschenk die bis dahin erlebten Jahre mit der Familie waren.
Ich habe übrigens in diesen Jahren wichtige Erfahrungen gemacht, was mein eigenes Verhalten in Bezug auf die bis dahin geübte Rollenverteilung angeht: Ich musste lernen, loszulassen und Peter zuzutrauen, dass er Dinge des Haushalts zwar möglicherweise anders machte, aber eben auch richtig! Diese Erkenntnis war mir später in der Frauen- und Familienpolitik sehr hilfreich. Meinen wir doch häufig, „die Männer" wollten vieles nicht übernehmen. Vielleicht lassen wir sie ja nicht? Überhaupt wurde mir Stück für Stück klar, dass Frauen zwar jahrzehntelang um gleiche Rechte gekämpft, dabei aber vergessen haben (oder aber nicht den Mut hatten?), zugleich auf eine Neuverteilung der Pflichten zu dringen. Wir könnten uns wohl manch erregte Debatte zur Vereinbarkeit von Erwerbs- und Familienarbeit ersparen, wenn wir erstens die familiären Aufgaben an sich klärten, uns zweitens ebenso Kenntnisse über ihre Handhabung verschafften wie darüber, welche Aufgaben auch andere als die Eltern übernehmen können – neudeutsch: welche man outsourcen kann. Und schließlich drittens, wie die den Eltern obliegenden Pflichten so aufgeteilt werden können, dass für alle die Lust am Angenehmen die Last des Lästigen überwiegt.

Nach diesem kleinen Exkurs zu den Wechselbeziehungen zwischen praktischen Erkenntnissen und theoretischer Politik will ich mich nicht länger davor drücken, auch die leidvollen Erfahrungen anzusprechen. Gehören sie doch zu meinem Leben, so wie alles andere auch. Bis dahin hatte ich mich Herausforderungen gestellt, denen in aller Regel eine Anfrage vorausgegangen war. Ich hatte zwar manches Mal gezögert und spontan mit Abwehr reagiert. Aber dann folgten das Abwägen und schließlich die Entscheidung, die ich nicht mehr in Frage stellte, sondern nach Kräften ausfüllte. Immer konnte ich mich in dem Glauben wiegen, das Heft des Handelns in der Hand zu haben. Was nun aber auf uns zukam, entzog sich solchen Überlegungen. Gott fragte keinen von uns, ob wir bereit seien, den uns zugedachten Weg zu gehen. Er warf uns mitten hinein – ohne Karte und häufig auch ohne Kompass!

Immer konnte ich mich in dem Glauben wiegen, das Heft des Handelns in der Hand zu haben. Was nun aber auf uns zukam, entzog sich solchen Überlegungen.

Charlottes erste Attacke war kein „Versehen“, keine Überanstrengung gewesen. Es war der Anfang einer dramatisch verlaufenden Multiplen Sklerose. Zunächst lagen Monate zwischen den einzelnen Schüben, zunächst folgte auf den Schrecken versagender Beine, auf Taubheitsgefühle im Gesicht, in den Händen oder welchen Regionen des Körpers auch immer hoffnungsvolle Besserung und fast vollständige Rückbildung von Ausfallerscheinungen. Aber immer wieder blieb auch etwas zurück.

Wir kämpften gemeinsam und suchten nach Wegen der Hoffnung. Westliche Schulmedizin, fernöstliche Erfahrungsmedizin, alternative Naturheilverfahren, neue Medikamente – nichts ließen wir unversucht. Und Charlotte kämpfte auch allein. Sie setzte ihr Studium in Hamburg fort, suchte sich nach Erfahrungen mit Wohngemeinschaften eine eigene Wohnung, weil sie das Alleinsein erproben wollte. Sie ging für ein Jahr nach Paris, um Praktika in den großen Modeateliers zu machen und ihr Französisch zu perfektionieren. Sie nutzte das Angebot eines Sommer-Aufenthalts in Istanbul, um Land und Leute kennenzulernen.

Doch immer wieder erreichten uns auch Hilferufe, weil die Krankheit wieder zugeschlagen hatte: Lähmung der Beine, Versagen wichtiger Körperfunktionen, abnehmende Sehfähigkeit, Verlust der motorischen Fähigkeiten … Schub um Schub nahm die zerstörerische Krankheit ihren Lauf.

Kaum etwas von dem, was ihr wichtig war, konnte sie noch umsetzen. Farben sehen, Stoffe fühlen, einen Pinsel halten – all das war schon relativ früh nicht mehr möglich. Wir holten sie immer wieder zu uns oder ich fuhr zu ihr, aber irgendwann Mitte der 90er Jahre kam in aller Unerbittlichkeit der Rollstuhl auf sie zu und damit ein Leben in Abhängigkeit. Kurz vor dem Diplom musste sie aufgeben und ganz in die Sicherheit der Familie zurückkehren.

Für mich stellte sich in diesen Jahren immer wieder die Frage, ob ich das Bundestagsmandat aufgeben und mich ganz der Pflege von Charlotte widmen sollte.

Für mich stellte sich in diesen Jahren immer wieder die Frage, ob ich das Bundestagsmandat aufgeben und mich ganz der Pflege von Charlotte widmen sollte. Es fiel mir schwer, ausgerechnet jetzt, wo sie mich so dringend brauchte, nicht zu Hause zu sein. Wir führten viele Gespräche miteinander, und immer wieder war sie es, die mich ermutigte und aufforderte, weiter zu machen. Sie wollte, dass ich meine Welt zu ihr brächte. Sie nahm Anteil an dem, was ich erlebte, und war es zufrieden, dass sich liebevolles Pflegepersonal und vor allem auch der Vater um sie kümmerten und ihr den Alltag so erträglich wie möglich machten. Von Bonn aus war es zudem auch nicht ganz so weit nach Hause, mit dem Auto konnte ich schnell bei ihr sein. Meine Funktionen in der Fraktion waren noch überschaubar, und die Kollegen hatten Verständnis für mich und sprangen im Notfall ein.

Am schwersten war es in diesen Jahren, Charlotte Mut und Hoffnung zu geben, sie im Kampf zu unterstützen und gleichzeitig mit ansehen zu müssen, wie sie zunehmend verfiel und wie immer mehr Funktionen verloren gingen. Sie selbst war oft völlig verzweifelt, fragte nach dem Warum und Wie weiter?, fragte nach „unserem“ Gott und suchte andere Religionen zu ergründen. Fragen, die auch uns immer wieder all unsere Hilflosigkeit vor Augen führten und die auch in dem, was wir glauben, keine wirkliche Antwort fanden.

Es gab aber auch trotz allem Schweren Fröhlichkeit und Lachen, anregende Gespräche und gemeinsame Erlebnisse. Die Familie war eine einzigartige Kraftquelle, und das zu erleben, war eine unglaublich gute Erfahrung. Bettina hatte zwar in Berlin Arbeit aufgenommen und konnte nicht einfach mal nach Hause kommen, aber Hermann war im Referendariat und noch relativ flexibel, während Hannes aus Aachen schnell mal bei uns sein konnte und sich sehr bewusst immer wieder Zeit für Charlotte nahm und uns entlastete. Er stand dann einfach in der Tür und erklärte: „Ich glaube, du solltest dich jetzt mal hinsetzen – ich bin ja hier und kümmere mich um Charlotte!“ Zeit, die sein Studium deutlich verlängerte, aber rückblickend auch für ihn wertvoll war.

Die Familie war eine einzigartige Kraftquelle, und das zu erleben, war eine unglaublich gute Erfahrung.

Dann kamen die Osterferien 1998. Peter und ich waren nach guten Erfahrungen, die wir zwei Jahre zuvor gemacht hatten, erneut mit Charlotte nach Teneriffa geflogen und verbrachten dort in einem behindertengerechten Hotel erholsame Badeferien. Bettina war es in der Zeit davor nicht so gut gegangen, sie plagte sich mit Kopfschmerzen, und ich hatte sie in der Annahme, es seien Verspannungen wegen intensiver Schreibtischarbeit und zu wenig Bewegung, dringend gebeten, sich untersuchen zu lassen. Wir warteten auf die Untersuchungsergebnisse, und so rief ich sie eines Abends an, um zu hören, ob sie schon etwas erfahren hätte. Wie entsetzt war ich, als ich merkte, dass sie seltsam abwesend und offensichtlich verwirrt auf meine Fragen reagierte. Es war klar, dass es ihr überhaupt nicht gut ging. Was nun? Wir hatten kaum Bekannte in Berlin, und so hatte ich riesiges Glück, dass ich die einzige gemeinsame Freundin erreichte und sie sich sofort auf den Weg zu Bettina machen konnte. Was folgte, war an Dramatik kaum zu überbieten: Ich versuchte über Handy Bettina dazu zu bewegen, der Freundin die Wohnungstür zu öffnen, was sie nicht einsah, dann aber doch mit letzter Kraft tat. Der alarmierte Rettungsdienst brachte sie ins nächstgelegene Krankenhaus. Zu ihrem Zustand konnte sie schon keine Auskunft mehr geben. Glücklicherweise konnten beide Brüder sofort nach Berlin fahren und sich um sie kümmern, während wir auf der fernen Insel verzweifelt versuchten, einen Flug nach Hause zu bekommen. Absolut keine Chance, zumal wir nur gemeinsam fliegen konnten, denn weder Peter noch ich hätten den weiteren Aufenthalt oder den Rückflug mit Charlotte alleine bewältigt. So hieß es hoffen und warten, warten und beten!

Die Nachrichten aus Berlin waren derweil verheerend. Bettina verlor zunehmend das Bewusstsein und fiel innerhalb weniger Tage in ein Koma. Als ich endlich bei ihr sein konnte, war sie nicht mehr ansprechbar, und auch für sie begann ein langer Leidensweg. Untersuchung folgte auf Untersuchung. Bis schließlich unwiderruflich feststand, dass auch bei ihr nur MS als Auslöser infrage komme. Mittels moderner Technik konnte aufgezeigt werden, dass ihr Gehirn bereits von starken Zerstörungen betroffen war. Keiner konnte sich erklären, wie sie bis dahin noch völlig unauffällig ihrer Arbeit nachgegangen war!

Nun waren also beide Töchter in einem lebensbedrohlichen Zustand. Wieder suchten wir nach Hilfe, klammerten uns an jeden kleinen Strohhalm. Und doch gab es keinerlei Zeichen einer Besserung. Auf das Berliner Krankenhaus folgte die Rehaklinik im Sauerland und dann – es waren inzwischen einige Monate vergangen – der Hinweis auf die zeitliche Begrenzung eines solchen Aufenthalts. Wir möchten doch bitte „übernehmen"! Da war guter Rat teuer. Für die Versorgung von Komapatienten gab es bis dahin keine einfache Lösung.

Tagelang grübelten und prüften wir, wie und ob wir es schaffen könnten, beide Töchter mit Hilfe des ambulanten Dienstes, Charlottes Pflegerin, der Haushaltshilfe und natürlich uns zu Hause zu versorgen. Schließlich verwarfen wir diesen Gedanken zugunsten eines Altenheims im Nachbarort, das gerade begann, eine Station für Komapatienten aufzubauen. Wie sich zeigte, war das eine gute Entscheidung. Bettina wurde liebevoll gepflegt, voller Achtung vor der Würde des Menschen auch im Koma. Wir konnten sie leicht besuchen und teilten unsere Aufgaben in der Fürsorge für die Töchter.

Wie es dann weiterging, verdeckt immer noch ein Tränenschleier.

Charlotte starb am 27. Januar 1999, Bettina folgte ihr nur wenige Monate später, am 8. Mai.

Irgendwie ging das Leben weiter. Ab und zu fragt jemand, ob ich nun „darüber hinweg sei“ – als ob man das jemals sein könnte. Aber wir haben gelernt, damit zu leben. Und auch nach acht Jahren vergeht kein Tag, an dem es nicht irgendeinen Anlass gibt, sich an sie zu erinnern. Sie waren beide gewiss nie einfach, aber sie waren wunderbar, und wir sind dankbar für die 33 Jahre, die uns mit ihnen geschenkt wurden.

Irgendwie ging das Leben weiter. Ab und zu fragt jemand, ob ich nun „darüber hinweg sei“ – als ob man das jemals sein könnte. Aber wir haben gelernt, damit zu leben.

Hermann hat einen Beruf, der ihn glücklich macht. Mit Hannes und Eike haben wir im letzten Jahr im großen Kreis von Verwandten und Freunden ein richtig fröhliches Hochzeitsfest gefeiert. Im Februar ist unsere Enkeltochter Nora Marie geboren. Das Leben geht weiter und kann so wunderbar sein!

Peter hat vor zwei Jahren sein Büro einem tüchtigen Nachfolger übergeben, er genießt seine neue Freiheit. Für mich bringt meine wohl letzte Legislaturperiode noch einmal neue Herausforderungen und die Chance, Politik aus nächster Nähe mit zu gestalten. Wir haben noch viele Pläne für die Zukunft – vielleicht werden uns Zeit und Kraft dazu geschenkt?

So gehe ich ein wenig unruhig, aber voller Neugier und Zukunftshoffnung in einen neuen, den letzten Lebensabschnitt. Werden wir es schaffen, ihn anzunehmen, um im Rückblick sagen zu können: Dank sei Gott, es war eine gute Zeit?!

Arthur und Elizabeth Domig

Hurra, unsere Kinder sind aus dem Haus!

Natürlich hatte man schon davon gehört: Irgendwann kommt die Sache mit dem leeren Nest. Aber plötzlich ist das eigene Heim tatsächlich kinderlos!

Wie gut, wenn ein Paar die „Nur-Partnerschaft" schon vorher trainiert hat. Und was für ein Glück, wenn die beiden die große Chance für ihre Partnerschaft in dieser neuen Phase entdecken.

Arthur, geb. 1950, und Elizabeth Domig, geb. 1953, wohnen in Hallein bei Salzburg und haben drei erwachsene Kinder. Sie führen eine Gemeinschaftspraxis für Beratung in Persönlichkeits- und Beziehungsfragen. Arthur ist Supervisor und Lehrtrainer in der Beraterausbildung. Elizabeth ist Referentin und leitet Gruppen für Menschen mit Missbrauchserfahrungen.

Gerade hatten wir unser jüngstes Kind, Rebecka, fünfhundert Kilometer von zu Hause fort nach Konstanz gebracht, wo sie ihr Studium beginnen sollte. Sie war reif und selbstständig für ihre achtzehn Jahre und freute sich riesig auf diesen neuen Abschnitt in ihrem Leben. Und wir freuten uns für sie, denn wir hatten schon Erfahrung mit dem „Kinder-Loslassen" (Daniel und Christopher, ihren zwei älteren Brüder, waren bereits ausgezogen) und waren zuversichtlich, dass auch mit ihr alles gut gehen würde. Wir kamen nach Hause, sperrten die Haustüre auf und riefen – teils aus Gewohnheit, teils zum Spaß – in die leere Wohnung hinein: „Hallo, Kinder, wir sind wieder da!" Aber es kam keine Antwort. Wir gingen ins Wohnzimmer: Alles war still und aufgeräumt. Arthur fragte mich: „Wo sind die verstreuten Klamotten, die leeren CD-Hüllen und die herumliegenden Hausübungshefte unserer Teenager?“ Tränen stiegen uns in die Augen, und wir nahmen uns gegenseitig fest in die Arme. „Jetzt haben wir nur noch einander!“, schluchzten wir.

Auf einmal zogen die letzten 23 Jahre Kindererziehung wie ein Traum in der Nacht an uns vorüber: Ist es wirklich schon vorbei? Wir waren gerne Eltern und hatten viel Spaß mit unseren Kindern, auch wenn es manchmal reichlich turbulent zuging. Doch nun war die Phase der Kindererziehung endgültig vorbei, und wir durften hautnah erleben, wovon wir bis jetzt nur gelesen oder gehört hatten: das leere Nest!

Tränen stiegen uns in die Augen, und wir nahmen uns gegenseitig fest in die Arme. „Jetzt haben wir nur noch einander!“, schluchzten wir.
Auf einmal zogen die letzten 23 Jahre Kindererziehung wie ein Traum in der Nacht an uns vorüber: Ist es wirklich schon vorbei?

In einem unserer ersten Gespräche über diese neue Erfahrung (wir hatten es uns schon seit mehreren Jahren zur Gewohnheit gemacht, einmal in der Woche nach dem Frühstück eine längere „Ehezeit“ einzuhalten) erinnerten wir uns gegenseitig dankbar an die vergangenen Jahre. Wie froh waren wir, dass wir unsere Ehebeziehung nicht vernachlässigt hatten. Auch wenn es über so manche Strecken hinweg nicht leicht gewesen war, hatten wir es nicht aufgegeben, unsere Paarbeziehung aufrecht zu halten und immer wieder neu zu beleben. So hatten wir ab und zu ein „Wochenende zu zweit“ erkämpft oder gelegentlich sogar eine ganze Woche „Ehe-Urlaub“ genossen. Jetzt tat uns die positive Erinnerung daran gut und gab uns Hoffnung für die nun beginnende neue Phase. Wir waren auch bisher nicht nur Mama und Papa gewesen, sondern hatten für unsere „Nur-Partnerschaft“ trotz der Kinder schon immer wieder mal ein bisschen geübt. Dabei spielten einige Hobbys, die wir mit Begeisterung gemeinsam pflegen, eine wichtige Rolle. Wir lieben beide die Natur und sind sportlich aktiv, sei es beim Nordic Walking, Langlaufen, Radfahren oder Wandern. Jetzt mussten wir nicht krampfhaft etwas Neues finden, um unsere Zweisamkeit zu wahren und zu genießen, sondern konnten auf unsere guten Erfahrungen auf dem Gebiet der Freizeitgestaltung bauen.

Natürlich spürten wir auch eine gewisse Trauer in dieser Übergangszeit von aktiver Elternschaft zum „alleinstehenden Ehepaar". Sogar heute, einige Jahre später, können wir manchmal nicht glauben, dass die Kindererziehung wirklich schon vorbei sein soll. Dennoch fingen wir in den ersten Wochen und Monaten des „leeren Nestes" nach einer kurzen, intensiven Trauerphase auch an, die neue Situation zu genießen. Das Leben ist zu zweit so unkompliziert! Wir müssen nicht mehr auf den Stundenplan schauen, um zu sehen, welches Kind wann nach Hause kommt. Wir können einfach essen, wann wir wollen – und was wir wollen! Wir müssen uns nicht auf ein „Gibt's nichts Gescheites zu essen?" einstellen, weil wir beide in dieser Hinsicht unkompliziert sind und ähnliche Vorlieben haben. Wir müssen auch nicht mehr um 6:30 Uhr aufstehen, um Frühstück und Jausebrote für die Kinder vorzubereiten, bevor sie in die Schule gehen. Wir genießen es sehr, ab und zu etwas länger zu schlafen. Hoffentlich holt uns die „senile Bettflucht" nicht ein, bevor wir dieses Privileg genügend ausgekostet haben!

Dennoch fingen wir in den ersten Wochen und Monaten des „leeren Nestes" nach einer kurzen, intensiven Trauerphase auch an, die neue Situation zu genießen. Das Leben ist zu zweit so unkompliziert!

Auch in anderen Bereichen können wir uns ungewohnt spontan und flexibel entscheiden. Wenn wir hören, dass gerade ein guter Film in Kino läuft und der Abend frei ist, dann gönnen wir uns eine spontane Abwechslung. (Zugegeben, Arthur bevorzugt einen Video-Abend zu Hause mit einem Glas Wein.) Wenn uns nach dem Gottesdienst am Sonntag Freunde spontan einladen, mit ihnen essen zu gehen, können wir das unüberlegt annehmen. Und nachdem wir ein Seminar gehalten haben, genießen wir eine gemütliche Kaffeepause oder einen Besuch auf dem Heimweg, ohne schlechtes Gewissen, weil wir unsere Kinder vernachlässigen. Dabei war es früher vor allem Arthur, der nach Hause drängte. Als Bauernsohn hatte er es praktisch nie erlebt, dass sein Vater länger als einen Tag weg war, und seine Mutter war ohnehin rund um die Uhr anwesend. Bis unsere Kinder Teenager waren, war es für Arthur deshalb jedes Mal schmerzlich, sie für ein Wochenende einer fremden Person anzuvertrauen. Für Elizabeth war es nach einer intensiven Woche mit den Kindern eher eine willkommene Abwechslung.

Auch Sex können wir jetzt genießen, wann und wo immer wir wollen. Wir sind nicht mehr beschränkt auf unser Schlafzimmer hinter verschlossenen Türen und müssen auch nicht mehr warten, bis die Kinder eingeschlafen oder anders beschäftigt sind. Freedom!

Auch Sex können wir jetzt genießen, wann und wo immer wir wollen. Wir sind nicht mehr beschränkt auf unser Schlafzimmer hinter verschlossenen Türen.

Das Schönste in dieser neuen Phase ist, dass wir uns wieder neu auf uns selbst und auf einander konzentrieren können. Statt immer zu überlegen was dieses oder jenes Kind braucht, können wir sowohl unsere eigenen Bedürfnisse und Wünsche als auch die des Partners neu wahrnehmen und auch erfüllen. Es fühlt sich gut an, wieder im Fokus des anderen zu sein und auch ein bisschen verwöhnt zu werden. So ist unsere Liebe und Zuneigung zueinander erneut neu gewachsen.

Ja, es gibt viele Vorteile und positive Aspekte in dieser Phase des Lebens. Dennoch hat dieser Lebensabschnitt auch einige neue Herausforderungen und Überraschungen mit sich gebracht.

Solange die Kinder noch zu Hause waren, wurde unsere Familiengestaltung mehr oder weniger durch ihren Alltag bestimmt. Da wir in der Früh mit ihnen aufstehen wollten, haben wir darauf geschaut, dass wir am Abend rechtzeitig ins Bett gingen. Als die Kinder dann weg waren und diese Zeitgestaltung nicht mehr zwingend war, saßen wir oft bis spät in der Nacht vor dem Computer und arbeiteten. Da wir beide unser Büro zu Hause haben, ist keine geregelte Arbeitszeit vorgegeben, und es gibt immer genug zu tun, getreu dem Motto: Ich bin selbständig, und das bedeutet, ich arbeite selbst und ständig! Mit der Zeit merkten wir jedoch, dass uns dieser Lebensrhythmus gar nicht gut tat. Wenn man direkt von der Arbeit ins Bett geht, ohne eine Zeit des Abschaltens und Entspannens, wird man die Gedanken an die Arbeit und ihre Probleme nicht los. Unsere armen Gehirne arbeitete also die ganze Nacht weiter, und wir wachten am nächsten Tag müde und matt statt frisch und erholt auf.

Wir mussten einen neuen Lebensrhythmus einüben, da die gewonnene Freiheit auch eine neue Verantwortung mit sich brachte. Wir konnten uns nicht mehr auf die Kinder verlassen, die uns regelmäßig aus unserer Arbeit herausgeholt hatten. Früher hatten ihre Aktivitäten, ihre Gedanken und die Tischgespräche mit ihnen, ja sogar ihre Probleme einen Ausgleich zu unserer eigenen Beschäftigung geboten. Sicher, ihre Sorgen und Krisen hatten uns auch belastet, aber im Großen und Ganzen spielten die Kinder eine positive Rolle in unserem Leben. Jetzt erst merkten wir, wie selbstverständlich das alles war und wie wichtig es nun wurde, dass wir einen Ausgleich zwischen Arbeit und Ruhepausen fanden, dass wir überhaupt das Leben neu genießen lernten.

Wir machten Fortschritte. Für die Adventszeit nahmen wir uns zum Beispiel vor, nie länger als bis 19 Uhr im Büro zu arbeiten. Dann wollten wir uns gemeinsam beim Kachelofen gemütlich mit einer Tasse Tee, einem guten Buch und schöner Musik zusammensetzen. Wir haben es nicht täglich geschafft, aber es war ein hoffnungsvoller Anfang, und inzwischen gelingt es uns immer wieder – auch außerhalb der Adventszeit.

Eine andere Versuchung, zu viel des Guten zu tun, lauert im gemeinsamen Engagement in unserer Pfarrgemeinde, wo wir beide unterschiedliche ehrenamtliche Leitungsfunktionen übernommen haben. Da es uns einerseits Freude macht, andererseits jedoch bekanntlich „das Erntefeld groß, aber der Arbeiter wenige“ sind, merken wir oft zu spät, dass wir uns wieder einmal völlig verausgabt haben.

Was uns, ehrlich gesagt, mit Stolz erfüllt, ist, dass wir fast täglich irgendwie sportlich aktiv sind, egal, wie das Wetter ist. Im Winter, wenn die Tage kurz sind, versuchen wir, wenn möglich, über die sonnige Mittagszeit aus dem Haus zu kommen und eine Stunde mit Nordic Walking oder Joggen zu verbringen. Die Bewegung, die frische Luft und das Gespräch miteinander tun uns gut und helfen uns, neue Kraft für Körper und Seele zu schöpfen. Dennoch bedeutet auch dies immer wieder eine neue Überwindung, vor allem, wenn das Wetter stürmisch und kalt ist.

Eine besondere Herausforderung in dieser Phase unserer Ehe ist der Unterschied zwischen Mann und Frau. Ja, wir haben schon länger gewusst, dass Männer „vom Mars und Frauen von der Venus" sind, und halten sogar Vorträge zu diesem Thema. Aber es sind nicht die sattsam bekannten Unterschiede, die uns im Moment zu schaffen machen, sondern die unterschiedliche Lebenssituation, in der wir uns befinden.

Elizabeth: Arthur ist jetzt 57 Jahre alt, hat viele Jahre hart gearbeitet und freut sich auf etwas mehr Ruhe und Gelassenheit in seinem Leben. Ich bin 54 Jahre jung, war 23 Jahre lang hingegebene Mutter (auch wenn ich nicht nur zu Hause tätig war) und freue mich darüber, dass mir neu gewonnene Zeit und Energie zur Verfügung stehen. Ich suche eine neue Vision für mein Leben und eine Aufgabe, die für mich erfüllend und für andere bereichernd ist.

Wenn wir über dieses Thema reden, merke ich, wie Arthur sich schwer tut, mich zu verstehen. Er sagt mir immer wieder, was für eine tolle Mutter ich war und dass ich dankbar und stolz sein kann, wie gut unsere Kinder geraten sind. Finanziell haben wir genug zum Leben, und ich müsste nicht „arbeiten gehen", um Geld zu verdienen. Arthur findet es toll, wie ich meine Gaben als Referentin, Autorin, Beraterin und Seminarleiterin einbringe. Deshalb kann er meine Sehnsucht nach einer neuen Berufung überhaupt nicht nachvollziehen. Er hat mich bis jetzt in meinen Bemühungen und Aktivitäten immer unterstützt und wird dies sicher auch

Die Traurigkeit und die Verzweiflung, die mich hin und wieder überkommen, machen uns beiden zu schaffen. Ich merke, wie wichtig es gerade in dieser Lebensphase für mich ist, die Freundschaft mit anderen Frauen zu pflegen.

weiterhin tun. Aber er hat mir unmissverständlich klar gemacht, dass er zurzeit keine neuen Visionen oder Aufgaben braucht. Dieses Thema belastet unsere Beziehung momentan am meisten. Die Traurigkeit und die Verzweiflung, die mich hin und wieder überkommen (wahrscheinlich auch im Zusammenhang mit der ganz normalen Hormonumstellung in den Wechseljahren), machen uns beiden zu schaffen.

Ich merke, wie wichtig es gerade in dieser Lebensphase für mich ist, die Freundschaft mit anderen Frauen zu pflegen. Viele meiner Freundinnen befinden sich in einer ähnlichen Lebenssituation, und es tut gut, unsere Erfahrungen auszutauschen. Wir „Geschöpfe von der Venus" verstehen uns, auch wenn die „Männer vom Mars" nicht mehr mit uns klarkommen. Wir können uns gegenseitig ermutigen und einander helfen, eine Perspektive zu gewinnen. Und Arthur ist dankbar, wenn er nicht meinen Therapeuten oder meine beste Freundin spielen muss, zusätzlich zum liebevollen Ehemann!

Arthur: Ich erlebe unsere Situation ganz anders. Ich habe viele Jahre mit Studieren zugebracht und später in Sozialberufen nicht sehr viel verdient. Zur Zeit der Familiengründung und in den Folgejahren fühlte ich mich im Dauerstress, hin und her gezogen zwischen Ehe, Beruf und Familie. Dazu kam vor 15 Jahren noch der Hausbau. Aber wir haben es geschafft! Jetzt fühle ich mich erleichtert, kann beruflich ernten, was ich über die Jahre gesät habe, und freue mich, dass sich alle unsere Kinder ins Leben hinausgewagt haben.

In unserer Berater- und Vortragstätigkeit machen wir manches gemeinsam und manches auch getrennt – eine ideale Situation, die uns genügend Gesprächsstoff gibt über „Gott und die Welt", aber auch über uns selbst zu reden. Wenn ich die Unruhe und Unzufriedenheit von Elizabeth mitbekomme, verstehe ich sie nur teilweise (weil ich darüber in Büchern gelesen habe). Tief drin möchte ich, dass sie auch so glücklich und zufrieden ist wie ich.

Diese Kluft beeinflusst auch unsere Sexualität. Wir waren meist ein sehr lebendiges Paar, und wir brauchten nicht immer die totale Harmonie, um sexuelle Romantik zu erleben. Aber mit zunehmendem Alter werde ich empfindlicher für Stimmungen und Spannungen. Ich möchte nicht nur ihren Körper, sondern auch ihren Geist und ihre Seele erleben! Wenn ich nicht ganz sicher bin, dass sie auch Lust dazu hat, dann ergreife ich erst gar nicht die Initiative. Ich warte, bis sie den ersten Schritt macht, und dann fühle ich mich sicher. Man kann sich leicht vorstellen, dass diese Haltung in einem „Teufelskreis" enden kann. Wir haben darüber gesprochen, und sie versucht mir klar zu machen, dass ich sie ja „umstimmen" könne und es ihr gerade in solchen Zeiten gut täte, meine Liebe und Nähe zu genießen.

Aber mit zunehmendem Alter werde ich empfindlicher für Stimmungen und Spannungen. Ich möchte nicht nur ihren Körper, sondern auch ihren Geist und ihre Seele erleben!

Insgesamt sind wir mit unserer neuen Situation ganz zufrieden. Wir müssen uns einfach gegenseitig erinnern, dass dieses Leben als „alleinstehendes Ehepaar" erst dabei ist, sich zu entfalten. Die Zeit der neuen Orientierung erfordert von uns Geduld und Gelassenheit, ausgerechnet zwei Eigenschaften, die wir beide nicht im Überfluss besitzen. Außerdem merken wir, dass wir uns mit zunehmendem Alter weniger leicht damit tun, nachzugeben oder uns für Versagen zu entschuldigen. Hier werden wir uns wohl besonders bemühen müssen. Aber wir sorgen dafür, dass unser Humor und ein Schuss Selbstironie nicht verloren gehen. Wenn wir miteinander lachen können, geht alles leichter.

Auch wenn wir zum einen oder anderen Thema noch keine endgültige Lösung gefunden haben, bleiben wir im Gespräch und probieren einfach aus, was hilft. Wir beten auch immer wieder um Hilfe und vertrauen, dass Gott uns auch in Zukunft Schritt für Schritt führen wird, wie er es in der Vergangenheit und bis heute getan hat.

Was unseren Glauben betrifft, sehen wir gerade in dieser Phase unseres Lebens eine große Chance. Unser Vertrauen in Gott und seine väterliche Liebe hat uns durch die Jahre gestärkt und geholfen. Allerdings haben wir unser Gebetsleben allzu oft an den Notwendigkeiten des Alltags ausgerichtet: die Bitten um das tägliche Brot, Bewahrung der Kinder an Leib und Seele oder die Hilfe bei wichtigen Entscheidungen drängten sich vor. Jetzt merken wir, dass es uns darüber hinaus zunehmend wichtig wird, „Gottes Herzschlag" zu spüren, seine Gedanken für unsere noch verbleibenden Jahre zu erkennen und uns für andere Menschen einsetzen zu lassen. Wir sind gespannt, was die zweite Hälfte unseres Lebens mit sich bringt, sehen zuversichtlich der Zukunft entgegen und hoffen auf viele erfüllte gemeinsame Jahre.

Elke Siebold
(Name geändert)

„Ich betrete gerne neue Räume“

„Warum denn nicht? Ich kann es ja mal probieren!“ Diese Einstellung war schon immer das manchmal trotzige Lebensgefühl von Elke Siebold. Es hat sie weit in die Welt hinausgetrieben. Aber dann, als sie mit fast fünfzig gerade bürgerlich und sesshaft werden wollte, fand dieses neue Leben nach nur einem Jahr ein jähes Ende. Wie soll es nun weiter gehen?

Elke Siebold, geb. 1954, verwitwet, ist Hebamme und Lehrerin.

Ich muss verrückt sein. Blut rinnt aus meiner Nase, in meinem Kopf hämmert seit Stunden der Schmerz, jeder Schritt ist quälend. Hier oben, auf dem Plateau des Kilimandscharo, wächst nichts mehr, unter meinen müden Füßen nur noch Geröll und Schotter. Um uns herum die absolute Stille. Die Grillen sind verstummt. Es ist unheimlich und – so faszinierend! Doch der anstrengendste Teil des Aufstiegs liegt noch vor uns. Wir wollen bis zum Kraterrand kommen. Dabei hat es so nett und harmlos mit Vogelgezwitscher und üppiger Vegetation begonnen. Doch je höher wir kamen, desto dünner wurde die Luft, desto beschwerlicher wurde das Gehen. Jetzt kann ich nur noch ganz langsam einen Schritt nach dem anderen machen. Für mehr reicht die Luft nicht.

Aber du schaffst das, Elke! Du wirst da oben ankommen, weitermachen, auf keinen Fall aufgeben. Die letzte Etappe gehört dir! Irgendwie hat mir dieser Wunsch genügend Kraft gegeben. Und ich hab’s geschafft!

Weitermachen, Elke! Denk an den Kilimandscharo! Nicht aufgeben! – Seit damals hilft mir das. Auch wenn ich manchmal mächtig ins Rutschen komme. Wenn mich wieder dieser wahnsinnige Schmerz anfällt wie ein Tier. Mein Mann Matthias hat sich vor drei Jahren das Leben genommen. Und auch mir ein großes Stück von meinem Leben. Er hat es damals so entschieden, soweit man unter dem Einfluss einer schweren Depression von Entscheidung sprechen kann. Seitdem kämpfe ich darum, Land zurückzugewinnen. Oft bin ich noch wütend. Ich kann es nicht begreifen. Warum nur ist er gegangen?

Nach dem Tod meines Mannes hatte ich gehofft, nach einem Jahr sei das Schlimmste bewältigt. So wie man das in jedem Lehrbuch über Trauer lesen kann. Aber unser Leben hält sich nun mal nicht an Lehrbücher. Es gibt immer wieder Momente, in denen der Schmerz mit ganzer Wucht aufbricht und meine Lebenskraft lähmt. Es hat einige Zeit gebraucht, bis ich ihn nicht mehr wie einen Feind behandelt habe, den ich einfach nur loswerden wollte. Er kommt sowieso unangemeldet. Eine falsche Filmszene. Ein Geruch, der mich plötzlich streift. Vor mir in der Warteschlange der Mann mit dem blauen Anorak. Und schon steht der Schmerz neben mir. Aber jetzt darf er mein Weggefährte bleiben. Ich habe ihm in meiner Seele einen Platz eingeräumt. Ich kämpfe nicht mehr gegen ihn. Wenn ich traurig bin, möchte ich es zulassen, und wenn ich weinen muss, dann werden die Tränen nicht mehr „tapfer" runtergeschluckt. Das ist klug, gerade wenn die Luft wieder dünn wird und jeder Schritt quält.

Aber jetzt darf der Schmerz mein Weggefährte bleiben. Ich habe ihm in meiner Seele einen Platz eingeräumt. Ich kämpfe nicht mehr gegen ihn.

Wieder ein Etappensieg.

Matthias hat sich in der Klinik umgebracht, in der man ihm aus seiner schweren Depression helfen wollte. Wir haben ihn dann in unserem Haus aufgebahrt, in dem Haus, das wir genau ein Jahr zuvor voller Zukunftspläne gebaut und bezogen hatten. Der Ehering an seiner Hand war sein stummer Gruß an mich. Er hatte ihn nicht abgezogen, bevor er das tat, was mich heute immer wieder fassungslos und wütend macht. Ich wusste, was ihm das bedeutete und was Matthias mir sagen wollte: „Ich gehöre zu dir."

Ich habe meinen Mann sehr geliebt. Dreizehn Jahre gemeinsame Zeit. Mit fast Fünfzig war ich nun wieder allein. Und Kinder, die ich lieben und mit denen ich leben konnte, hatte ich auch nicht.

So wie der Schmerz und die Tränen kommen und gehen dürfen, habe ich auch der Sehnsucht ein gutes Plätzchen in meinem Herzen frei gemacht. Ich sehne mich sehr nach der Nähe und Wärme eines vertrauten Menschen, der ganz zu mir gehört und ich zu ihm. Sehnsucht ist manchmal lästig, sie stört. Aber zeigt sie mir nicht mit penetrantem Nachdruck: Elke, du bist voller Leben!? Ja, ich lebe! Allein und immer wieder auch einsam, ich geb's ja zu. Manchmal packt mich das Selbstmitleid. Wenn mir wieder mal die Decke auf den Kopf fällt in meinem großen Haus, gebaut an einer einsamen Stelle, für die romantische Idylle zu zweit. Manchmal flüchte ich vor meiner Angst, allein zu sein. Am Kilometerzähler meines Autos sind diese Fluchten abzulesen. Zum Glück habe ich viele gute Freunde. Bei ihnen finde ich Unterschlupf, oder sie kommen und fühlen sich wohl bei mir. Ich mag Umarmungen und zärtliche Berührungen. Und irgendwann gibt es vielleicht auch wieder einen Menschen, dem ich ganz nah und vertraut sein kann.

Ich sehne mich sehr nach der Nähe und Wärme eines vertrauten Menschen, der ganz zu mir gehört und ich zu ihm.

Aber da ist auch die andere Elke. In meinem Kalender für 2007 habe ich einen treffenden Vers von Lothar Zenetti gefunden:

Was willst du machen aus deinem Leben, was willst du werden,
es steht dir frei:
Ein wandelnder Terminkalender, ein Kerzenleuchter für das Fest,
ein Briefbeschwerer ganz aus Eisen, ein Aschenbecher für den Rest?

Ein Aktendeckel mit Rezepten, ein Hut, ein Lied, ein Zirkuszelt, ein Gläschen Wein, ein Sofakissen, ein Stückchen Himmel auf der Welt?
Was willst Du machen aus deinem Leben, was willst du werden, es steht dir frei …

Frei? Ist das nicht verwegen? Ich bin jetzt 53! Schon 53 hätte ich früher gedacht. Aber so geht es mir gar nicht. Manchmal beflügeln mich Frühlingsgefühle. Ein bisschen wie vor dreißig Jahren. Damals waren mein Lebensgepäck zwei Koffer, eine Gitarre, meine Angstfreiheit und eine Menge Neugier. So erreichte ich Birmingham und begann nach dem Krankenschwesterexamen meine zweite Ausbildung. Ich wurde Hebamme.

Jetzt, dreißig Jahre später, fühle ich mich wieder ganz jung. Keine Angst, es ist nicht dieser Jugendwahn – faltenlos und „sportiv" bis ins hohe Alter. Ich ahne vielmehr neue Räume hinter verschlossenen Türen. So wie damals. Neue Räume haben mich immer fasziniert, obwohl ich gar kein Draufgängertyp bin. Ich kenne Ängste, aber meine Hand liegt sozusagen immer auf dem Türgriff. Deshalb habe ich begierig alle Angebote genutzt, die man mir im Lauf der Jahre gemacht hat. Mission in Afrika. Na, klar! Vorher in Birmingham die Hebammenausbildung? Wunderbar! Nach Kenia auch noch mal Ghana? Ja, warum denn nicht? Meine Eltern haben über ihre Tochter oft den Kopf geschüttelt. Was hat sie denn jetzt schon wieder im Sinn? Noch mal was Neues und dann noch so weit weg von Castrop-Rauxel!

Jetzt bin ich 53. Ich habe wieder reichlich Mut und Lust zu leben gewonnen.

Wieder ein Etappensieg!

Oder meldet sich nur wieder mein altes Lebensthema? Und ist das gut oder schlecht? „Da ist doch noch was", „Du lebst unterhalb deiner Möglichkeiten …" Das hat mich verfolgt, seit ich nach der mittleren Reife die Schule verlassen hatte, um Krankenschwester zu werden. Nicht, dass meine Eltern mich gezwungen hätten. Nein, mein Vater sagte nur: „Du kannst weitergehen und Abitur machen, aber du weißt ja, bei uns ist es finanziell ganz knapp." Von diesem „Ganz knapp" hatte ich damals die Nase gestrichen voll. Margarine statt Butter, Sommer ohne Eis – heute mag es der Linie gut tun. Für ein Kind mit einem schwerkranken Vater ist es eine Last.

Und erst, als ich mit immerhin 47 Jahren mein zweites Staatsexamen als Lehrerin machte, dachte ich: „Jetzt ist es gut." Suche ich jetzt etwa schon wieder neue Ufer? Soll ich vielleicht Leitungsverantwortung übernehmen? Reicht es nicht endlich, Elke? Ich höre meinen Vater sagen: „Nun sei doch endlich zufrieden, Kind. Guck, was du geschafft hast!"

Na, schauen wir mal.

Eins spüre ich deutlich: Jetzt, mit über fünfzig, bin ich stärker und unabhängiger als früher. Ich traue mir mehr zu, habe mehr Mut, in mich hineinzuschauen, zu fragen: Was will ich wirklich? Wer ist Gott und was bedeutet er für mich? Wie und wodurch könnte ich neuen Sinn finden? Wie könnte mein Leben weitergehen?

Jetzt, mit über fünfzig, bin ich stärker und unabhängiger als früher. Ich traue mir mehr zu, habe mehr Mut, in mich hineinzuschauen, zu fragen: Was will ich wirklich?

Ich bin heute auch viel freier, Dinge auszusprechen, einfach zu sagen, was ich denke, was mir wichtig ist, was mich bewegt. Ist das nun richtig? Was werden wohl die anderen sagen? – Solche Zweifel habe ich heute viel seltener.

Ich merke das auch in der Schule. Früher habe ich viel ängstlicher unterrichtet, alles nach Vorschrift gemacht. (Erfülle ich auch die Rahmenpläne? Mache ich alles richtig?) Heute sehe ich mehr die Menschen, ihre Welt, spüre, was dran ist, was ich ansprechen muss. Ich traue mir mehr zu, und deshalb traue ich mich mehr.

Neulich war ich auf einer Geburtstagsfeier. Ich liebe es, unter Leuten zu sein, gut zu essen, viel zu reden und zu lachen. Ich betrete den Raum und sehe die Tanzfläche. Damit hatte ich nicht gerechnet! Da war er wieder. Plötzlich und unangemeldet: der Schmerz. Eigentlich wollte ich auf dem Absatz kehrt machen. Tanzen – das war damals der Auftakt unserer Beziehung. Aber ich blieb und hielt mich an meinem Teller fest. Bis mich eine nette Dame zum Tanz aufforderte. Mit einer Frau hatte ich noch nie getanzt. Zuerst fühlte es sich fremd an. So eine komische Mischung aus Mitleid und Wir-sind-die-ohne. Aber dann dachte ich: So ein Quatsch!

Ich habe den ganzen Abend durchgetanzt. Wieder ein Etappensieg.

Protokoll: Claudia Filker

Christel Hausding

„Eigentlich hatte ich mir mein Leben ganz anders vorgestellt“

Das leere Nest, sich als Paar neu finden nach der Familienphase – das sind für viele Frauen die zentralen Themen jenseits der fünfzig. Ein kinderloses Paar erlebt diese Zeit anders. Die beiden haben die Hürden der Kinderlosigkeit gemeistert, die einem Elternpaar fremd sind, aber auch ruhige Zeiten genossen, während manche Stürme über die Familien fegten. Und doch klopft das Thema „Kinder“ noch einmal an die Tür.

Dr. Christel Hausding, geb. 1949, verheiratet, ist Pädagogin.

Wenn ich meinen Beruf angeben soll, ist das gar nicht so einfach. „Hauptamtlich ehrenamtlich“ trifft die Sache eigentlich am besten. Seit vielen Jahren bin ich als Referentin bei Gemeindeveranstaltungen und Tagungen unterwegs, und ich arbeite in verschiedenen kirchlichen Leitungsgremien mit. Es ist eine interessante und erfüllende Tätigkeit in einem weiten Horizont. Dabei hatte ich mir mein Leben ursprünglich ganz anders vorgestellt. Eine entscheidende Weichenstellung war, dass wir ungewollt kinderlos geblieben sind.

Dabei hatte ich mir mein Leben ursprünglich ganz anders vorgestellt. Eine entscheidende Weichenstellung war, dass wir ungewollt kinderlos geblieben sind.

Unsere Zukunftsvorstellung, als wir heirateten, war eine Familie mit zwei oder drei Kindern. Ich bin ein Einzelkind und hatte mir immer Geschwister gewünscht. Selber wollte ich mal eine größere Familie haben. Mein Mann und ich dachten auch, dass wir Kindern ein schönes Zuhause geben könnten. Er arbeitet als Arzt im Krankenhaus, ich bin Pädagogin und war zuletzt in der Lehrerausbildung tätig.

Nach dem ersten Ehejahr stand ein größerer Umzug an. Wir fanden eine schöne große Wohnung, ich hatte meine Stelle aufgegeben, und jetzt wollten wir gerne Kinder haben. Aber die Zeit verging und es tat sich nichts. Da ich bereits 32 Jahre alt war, ging ich bald zum Arzt, um mich untersuchen und beraten zu lassen. Auch mein Mann ließ sich untersuchen. Es stellte sich heraus, dass die Wahrscheinlichkeit für Nachwuchs wohl eingeschränkt war, einen absoluten Hinderungsgrund gab es aber nicht.

Dieses Ergebnis ließ uns zunächst die Hoffnung auf ein eigenes Kind, es entließ uns aber auch in eine lang andauernde Ungewissheit mit manchen Wechselbädern der Gefühle. Wir unternahmen ein paar Therapieversuche, die erfolglos blieben. In dieser Zeit beschäftigte ich mich intensiv mit dem ersehnten Kind. Wie würde das sein – mit Kind? In Gedanken richtete ich schon das Kinderzimmer ein. Unser ganzes Leben würde sich verändern.

Wenn die Untersuchungen ein eindeutiges Ergebnis bringen, leidet der Betroffene oft unter Minderwertigkeitsgefühlen. Warum kann ich nicht, was alle können: Kinder kriegen? Das ist doch das Normalste von der Welt! Was bedeutet es für meinen Ehepartner, wenn wir kinderlos bleiben? Ob er mich überhaupt geheiratet hätte, wenn das da schon klar gewesen wäre? Mit einer anderen Partnerin könnte er Kinder haben. – Liegt es am Partner, dann möchte man unbedingt verhindern, dass er sich minderwertig fühlt. Er soll nicht denken, er sei „schuld“ an der Kinderlosigkeit. Wir würden ja auch niemanden für seine Kurzsichtigkeit oder einen empfindlichen Magen verantwortlich machen. Aber kein Kind bekommen zu können, ist etwas anderes. Dieser Defekt nagt am Selbstwertgefühl.

Wie viel darf ich mir selbst und meinem Mann zumuten, damit unser Wunsch doch noch in Erfüllung geht? Diese Frage bewegte mich. Die Behandlung der Unfruchtbarkeit kann sich unter Umständen über Jahre hinziehen, eine lange Zeit des Wartens und Hoffens und vielleicht immer wiederkehrender Enttäuschungen.

Vom Kinderwunsch beseelt, sah ich in meiner Umgebung überall Kinder. Alle Frauen schienen einen dicken Bauch zu haben, oder sie schoben einen Kinderwagen. Freundinnen erzählten, dass sie ein Kind erwarteten. Und immer wieder erreichten uns Geburtsanzeigen. Das tat schon weh. Manche bekamen mehr Kinder, als sie haben wollten.

Warum schenkt Gott uns kein Kind? Ich las in der Bibel die Geschichten von Frauen, die unfruchtbar waren. Aber in diesem Fall ist die Bibel nicht so hilfreich. Sara, Hanna, Elisabeth taugen nicht als Vorbilder und Leidensgenossinnen – sie taugen nicht mehr. Diese Frauen sind ja schließlich doch noch schwanger geworden. Gott hat ihre Klage in Freude verwandelt. Diese Geschichten haben alle ein Happy End. – Und warum erlebte ich das nicht?

Hinzu kam der Druck von außen. Meine Eltern wären doch gar zu gerne Großeltern geworden und warteten auf die Ankündigung des freudigen Ereignisses. Familientreffen empfand ich als schwierig, vor allem Tauffeiern. Mein Schwager und meine Schwägerin haben im Laufe der Zeit fünf Kinder bekommen! Wenn ich ihnen begegnete, wurde ich jedes Mal an das eigene Defizit erinnert. Meine Schwiegermutter war total begeistert von ihren Enkeln, so dass sie lange Zeit beinahe kein anderes Thema hatte. Für uns und unser Ergehen schien sie sich überhaupt nicht zu interessieren. Gelegentliche Nachfragen von Bekannten, auch in der Gemeinde, wie es denn bei uns mit Nachwuchs sei, fand ich überflüssig, ja lieblos. Was soll man dazu sagen? Wie viel Auskunft soll man geben? Wir kamen zu dem Schluss, dass es am besten ist, offen damit umzugehen: „Wir hätten gern ein Kind, aber bisher hat es leider nicht geklappt." Das klärt die Situation. Wenn die Menschen taktvoll sind, werden sie in Zukunft nicht mehr fragen.

Schwer fiel mir auch das Zusammensein mit anderen Frauen, die Kinder hatten und deren Gespräche sich mit Vorliebe um die Kinder drehen. So war ich einmal mit meinem Mann bei einem Kollegen eingeladen. Wir waren vier Ehepaare. Im Verlauf des Abends saßen wir Frauen beieinander, und bald war klar, dass alle anderen Kinder hatten, nur wir nicht. Sie unterhielten sich sehr angeregt über ihre Kinder – Schule, Zensuren, Musikunterricht, Chauffeurdienst der Mütter, Erfolge im Sport usw. usw. Das Thema war unerschöpflich. Zunächst hatte ich gar kein Problem damit, ich konnte ihnen gut eine Weile zuhören. Als aber meine Versuche, mal ein anderes Thema einzufädeln, samt und sonders scheiterten, war ich schließlich total frustriert. Sie wussten doch, dass wir keine Kinder hatten! Als ich zu später Stunde mit meinem Mann nach Hause fuhr, war ich todunglücklich. Zunächst hatte mich die Fixierung der Frauen auf ihre Kinder gestört, schließlich ärgerte ich mich vor allem über mich selbst. Warum hatte ich mir das nur angetan? Ich hatte mich völlig deplatziert gefühlt und nahm mir vor, solchen Ansammlungen begeisterter Mütter vorerst aus dem Weg zu gehen.

Andere können Kinderlosigkeit einfach nicht als Belastung erkennen. So bekamen wir zu hören, wie gut wir es doch hätten, dass wir nachts durchschlafen und zweimal im Jahr Urlaub machen könnten. Darauf hätten wir gerne für einige Jahre verzichtet! Nach einiger Zeit wurde uns unterstellt, dass wir ja wohl keine Kinder wollten. Da das für immer mehr Menschen zutrifft, nahmen manche an, dass es bei uns auch so sei. Solche Äußerungen sind sehr verletzend. Wir sehnten uns zutiefst nach einem Kind, und dann unterstellt man uns Egoismus. *Weil wir kinderlos sind*, setzen wir unsere Zeit und Kraft woanders ein, engagieren uns in besonderem Maße im Beruf und in der christlichen Gemeinde. Es ist eben nicht so, dass uns Karriere, Lebensstandard und Selbstverwirklichung wichtiger gewesen wären und wir *deshalb* keine Kinder haben. Hier werden Ursache und Wirkung verwechselt!

Andere können Kinderlosigkeit einfach nicht als Belastung erkennen. So bekamen wir zu hören, wie gut wir es doch hätten, dass wir nachts durchschlafen und zweimal im Jahr Urlaub machen könnten.

Als Christen sehen wir Kinder als Gabe Gottes an. So haben wir ihn eine ganze Zeit lang um ein Kind gebeten. Die Sehnsucht nach einem eigenen Kind kann sehr stark sein. Schließlich hat uns unser Schöpfer den Wunsch ins Herz gelegt, neues Leben zu zeugen. „Seid fruchtbar und mehret euch und füllet die Erde!“ Es ist eine ganz tiefe Sehnsucht, diesem Auftrag zu entsprechen. Wir wollen unsere Kinder aufwachsen sehen und ihnen etwas fürs Leben mitgeben. Kinder sind unsere Zukunft.

Nach einer Weile des Bittens und Wartens wurde uns klar, dass wir – auch wenn es der Normalfall ist, Kinder zu haben – doch Gott gegenüber keinen Anspruch darauf haben. Hier stellte sich auch die Frage, wie weit wir die modernen medizinischen Möglichkeiten nutzen sollten. Dieser Bereich ist mit schwierigen ethischen Fragen verbunden, die sorgfältig bedacht sein wollen. Ich hatte nach etwa zweieinhalb Jahren einfach genug von Arztbesuchen und dem Leben nach Kalender. Miteinander kamen wir zu der Entscheidung: Jetzt unternehmen wir nichts mehr. Wir wussten: Wenn Gott will, kann er uns ein Kind schenken, aber wir wollen ihm auch nichts abringen.

Zwischenzeitlich hatte sich mein Tageslauf immer mehr mit Aufgaben in Kirche und Gemeinde gefüllt. Gefühlsmäßig war ich anfangs noch stark auf ein Kind fixiert. Ich habe es auch vor Gott ausgesprochen, etwa in dem Sinne: Wenn du etwas anderes mit uns vorhast, will ich das akzeptieren, aber dann nimm bitte auch diese Sehnsucht nach einem Kind weg, denn das kann ich selbst nicht beeinflussen! – Es war ganz erstaunlich, aber dieses Problem löste sich tatsächlich sehr schnell. Auf einmal konnte ich kleine Kinder beobachten ohne irgendwelche Neid- oder Minderwertigkeitsgefühle. Ich fing nun wieder an zu planen für eine Zukunft – voraussichtlich ohne Kinder.

Auf einmal konnte ich kleine Kinder beobachten ohne irgendwelche Neid- oder Minderwertigkeitsgefühle.

Mit der Wahl in die Württembergische Landessynode weitete sich mein Betätigungsfeld mit einem Mal aus. Ich wurde Mitglied in weiteren Leitungsgremien. Daneben entwickelte sich eine rege Referententätigkeit. Irgendwann dachte ich: Wenn ich jetzt schwanger würde, passte das gar nicht mehr zusammen. Ich merkte, dass ich dem Kinderwunsch gar nicht so bewusst den Abschied gegeben hatte, sondern es war allmählich etwas anderes an die Stelle getreten, das mich immer mehr ausfüllte.

Nun entdeckten wir auch die Vorteile unserer Situation. Wir fingen an, unsere Freiheit als kinderloses Ehepaar zu nutzen und zu genießen. Wie viele Möglichkeiten haben wir doch für gemeinsame Unternehmungen, Veranstaltungen und Reisen! Mehrmals haben wir Seminare für kinderlose Paare gehalten. Als Betroffene kennen wir alle Facetten des Problems aus eigener Erfahrung. So konnten wir manchen ein Stück weiterhelfen, dass sie lernen, mit ihrem empfundenen Defizit umzugehen und eine neue Perspektive für ihr Leben zu finden, neue Ziele und neue Aufgaben. Manche Erfahrungen machen wir anscheinend nicht nur für uns selbst, sondern auch für andere.

„Ist man denn irgendwann einmal ganz darüber hinweg?", werden wir gefragt. Das ist verschieden. Manche empfinden auch nach vielen Jahren noch Schmerz über ihre Kinderlosigkeit, der allerdings schwächer geworden ist. Wir selber können sagen: „Ja, wir sind darüber hinweg." Das schließt nicht aus, dass es manchmal noch Augenblicke gibt, wo sich Wehmut meldet, etwa wenn wir beobachten, wie die Kinder unserer Freunde erwachsen werden. Mit ihren Ansichten, Plänen und Fähigkeiten fordern sie ihre Eltern heraus. Das ist sehr spannend, und das vermissen wir. Inzwischen denken wir auch daran, dass wir niemals Enkel haben werden, und wir fragen uns, wer uns wohl später mal im Altenheim besuchen wird.

Inzwischen denken wir auch daran, dass wir niemals Enkel haben werden, und wir fragen uns, wer uns wohl später mal im Altenheim besuchen wird.

Es gibt wohl niemanden, in dessen Leben alle Wünsche in Erfüllung gehen, bei uns war es der Kinderwunsch, der unerfüllt blieb. Diese Erfahrung hat uns als Ehepaar noch fester miteinander verbunden. Unsere Beziehung konnte sich über die Jahre kontinuierlich weiterentwickeln. Ein bestimmter Aspekt der Midlife-Crises ist uns erspart geblieben, die Erfahrung des leeren Nestes und die damit notwendige Neuorientierung. Wir sind ohne Kinder nicht arm, sondern eben „anders reich". Seit vielen Jahren nutze ich nun meine Möglichkeiten für die Mitarbeit in Kirche und Gemeinde. Es waren rundum erfüllte Jahre, und ich hoffe, dass es noch recht lange so weitergeht.

Erika Best-Haseloh

Abschied genommen und Neues gewagt

Der 50. Geburtstag steht vor der Tür – Zeit für Erika Best, Bilanz zu ziehen. Es ist eine gute Bilanz. Ihre kleine Welt ist in Ordnung. Doch noch vor dem Geburtstag verändert sich über Nacht ihr ganzes Leben. Zwangsläufig beginnt eine Entdeckungsreise in ein unbekanntes Land mit völlig neuen Perspektiven.

Erika Best, geb. 1950, verheiratet, ist Betriebswirtin und Seelsorgerliche Lebensberaterin. Sie hat einen erwachsenen Sohn und lebt in Minden/Westfalen.

Gerade komme ich von einem Spaziergang mit Senta zurück. Die Stunde an der frischen Luft hat uns beiden gut getan. Senta ist unsere Hündin und der Grund, dass ich jeden Tag mindestens einmal die Arbeit niederlege und das Haus für einen Gang an der frischen Luft verlasse. Diese Spaziergänge mit ihr haben mir sehr geholfen, mich nach meinem Umzug vor gut einem Jahr hier in meiner neuen Umgebung einzuleben. Ich habe im vergangenen Jahr vieles gelernt – nicht nur über Hunde! Aber vielleicht sollte ich zunächst erzählen, wie ich zu einem Hund und einem neuen Domizil gekommen bin und welche große Veränderung in meinem Leben stattgefunden hat.

Ich beginne meinen Rückblick im Juni 2000, kurz vor meinem 50. Geburtstag. Wie viele Menschen in diesem Alter hatte auch ich zu dieser Zeit begonnen, Bilanz zu ziehen. Was habe ich erreicht? Was möchte ich noch anfangen mit der mir verbleibenden Zeit? Wie begehe ich diesen Geburtstag? Mit vielen Gästen? Oder verreise ich lieber und gehe dem ganzen Trubel aus dem Weg?

Ich hatte mich für das Feiern entschieden. Die Einladungen an etwa 50 Freunde waren verschickt, das Lokal reserviert und das Menü besprochen. Jetzt war ich gespannt, was sich mein Mann und mein Sohn noch einfallen lassen würden, um diesen Tag zu meinen Ehren „würdig" zu gestalten.

Mit dem Verlauf meines Lebens war ich zufrieden. Ich war seit über 20 Jahren verheiratet, und wir hatten einen fast 17-jährigen Sohn. Mein Mann und ich hatten gemeinsam ein Vermessungsbüro aufgebaut, das nun schon einige Jahre erfolgreich lief. Die Mitarbeit machte mir Freude, hier konnte ich meine Fähigkeiten gut einsetzen. Wir waren Mitglieder der evangelischen Freikirche, in der mein Mann zur Leitung gehörte. Ich war seit vielen Jahren bei den „Frühstücks-Treffen für Frauen" engagiert und hatte mich bereit erklärt, die Leitung unserer örtlichen Gruppe zu übernehmen. Die Zusammenarbeit mit Frauen aus unterschiedlichen Kirchen und Gemeinden faszinierte mich. Ich konnte mir damals schon vorstellen, zukünftig noch mehr Zeit und Kraft in diese Aufgabe zu investieren.

Gott hatte mein Leben reichlich gesegnet. Das konnte ich im Rückblick dankbar erkennen. Wenn ich die durchlebten Schwierigkeiten und Probleme der Vergangenheit betrachtete, stellte ich fest, dass ich an ihnen gereift war. Sie hatten mein Vertrauen zu Gott nicht geschmälert, sondern wachsen lassen. Die Worte aus dem Römerbrief: „Wir wissen aber, dass denen, die Gott lieben, alle Dinge zum Besten dienen", hatte ich schon mehrfach in meinem Leben als Wahrheit erfahren. Dieser Vers begleitete mich schon seit meiner Jugend, mein Mann und ich hatten ihn auch als Trauspruch gewählt. Dass ich diese mir so vertraute Wahrheit noch in einer ganz anderen Dimension erfahren sollte, konnte ich zu diesem Zeitpunkt nicht ahnen.

Der 3. Juni 2000 wurde für mich zu einem unvergesslichen Datum und einem Tag, der mein Leben von Grund auf veränderte. Am Abend dieses Tages stürzte ein mit sechs Männern besetztes Flugzeug nördlich von Paris ab. Einer der Flugzeuginsassen war mein Mann. Er hatte mit Freunden zwei Tage auf der Insel Jersey verbracht und befand sich nun mit ihnen auf dem Rückflug. Ihre Ankunft auf dem nahe liegenden Flugplatz war für den frühen Abend angekündigt. Ich saß alleine zu Hause und erwartete ihn, unser Sohn befand sich auf einer Freizeit in Süddeutschland. Als ich gegen 20 Uhr noch immer keine Nachricht von seiner Landung erhalten hatte, begann ich mir Sorgen zu machen. Ich telefonierte mit der Ehefrau des Piloten und fragte, ob sie sich die Verspätung erklären könne. Auch sie war besorgt und versuchte über die Flugsicherung etwas über den Verbleib des Flugzeugs zu erfahren. Gegen 22 Uhr überbrachte sie mir dann an der Haustür die schreckliche Nachricht: Nördlich von Paris war ein Flugzeug vom Radar verschwunden. Die kleine Maschine befand sich auf dem Weg von Jersey nach Allendorf/Eder, dem Zielflugplatz unserer Männer. Wie später bestätigt wurde, war sie bereits kurz nach 18 Uhr abgestürzt. Zu diesem Zeitpunkt wütete in der Region um Paris ein schweres Gewitter.

Der 3. Juni 2000 wurde für mich zu einem unvergesslichen Datum und einem Tag, der mein Leben von Grund auf veränderte. Am Abend dieses Tages stürzte ein mit sechs Männern besetztes Flugzeug nördlich von Paris ab. Einer der Flugzeuginsassen war mein Mann.

Für mich brach eine Welt zusammen. Das fest zusammengewachsene Familiengefüge zerriss, ein Halt brach weg, alle gemeinsamen Wünsche und Pläne zerplatzten in einem Augenblick wie eine Seifenblase. Ich konnte es nicht fassen, dass unserer Familie so etwas Schreckliches geschehen war. In dieser Nacht fand ich kaum Schlaf. Meine Gedanken kreisten ständig darum, wie es nun weitergehen sollte. Wie würde mein Sohn die Nachricht aufnehmen? Stürzte nicht auch für ihn eine Welt zusammen? Würde er noch an Gott als einen liebenden Vater glauben können, wenn dieser ihm doch seinen Vater genommen hatte? Ich wusste, dass ich aufgrund gesetzlicher Bestimmungen das Vermessungsbüro nicht weiterführen konnte. Es musste sofort verkauft werden, um eine Schließung zu verhindern. Dieses Büro aber war unser gemeinsames Werk, ein wesentlicher Teil unseres Lebensinhalts und der größte Teil unserer Altersversorgung. Es war für mich unvorstellbar, wie ich das alles jemals bewältigen sollte.

Mit dem nächsten Tag begann für mich ein völlig anderes Leben. Über Nacht war ich ohne Vorbereitung in eine vollständig neue Situation gestürzt worden. Meine gesamte Zukunftsplanung musste aufgegeben und losgelassen werden: die Geburtstagsfeier, auf die ich mich so gefreut hatte, geplante Reisen, gebuchte Kongresse, übernommene Dienste. Vieles war auf einmal gar nicht mehr wichtig. Dafür mussten andere, bis dahin nie bedachte Dinge und Angelegenheiten entschieden und organisiert werden. Als ich in diesem Chaos nach einem Bibelvers für die Todesanzeige gefragt wurde, musste ich nicht lange überlegen. Ich wählte unseren Trauspruch aus dem Römerbrief. Wie schmerzlich und wie tief wurde mir nun die Bedeutung dieses Verses bewusst. Ganz anders als noch bei der Planung meines Geburtstages was das „Beste" nun nicht mehr für mich sichtbar. Würde ich es im Vorwärtsgehen erkennen können?

In der darauf folgenden Zeit hat Gott sein Wort gehalten und in vielen praktischen Dingen für mich und meinen Sohn gesorgt. Dazu benutzte er viele Freunde, die sich gebrauchen ließen, um uns eine Hilfe zu sein. Das Vermessungsbüro konnte ich schnell verkaufen und trotzdem weiter dort arbeiten. Das gab mir zunächst Sicherheit. Aber mit der Zeit erkannte ich, dass die veränderte Situation und Umstellung von der „Chefin" zur „Halbtagskraft" schwer zu leben war. Ich dachte über eine berufliche Veränderung nach, doch dann reifte in mir die Entscheidung, die Berufstätigkeit ganz loszulassen. Das war kein leichter Schritt, denn damit brach nicht

nur ein jahrzehntelang gewohnter Tagesrhythmus weg, sondern auch eine Pflicht, die mich lange ausgefüllt hatte. Aber ich vertraute darauf, dass Gott eine neue Aufgabe für mich hatte.
Zum Zeitpunkt meines Berufsausstiegs gab es noch eine weitere Veränderung: Mein Sohn begann seinen Zivildienst und musste zum Einsatzort umziehen. Nun war er nur noch an den Wochenenden da, und das Haus wurde noch ruhiger und kam mir leer vor. Es folgte ein weiterer Schritt des Loslassens, und der wurde für mich zu einem harten Stück Arbeit. In dieser Zeit nahm ich an einem Seelsorgeseminar teil. Während der Vorstellungsrunde der TeilnehmerInnen wurde mir auf einmal so richtig deutlich, wie viele Verluste ich erlitten hatte: Mein Mann war gestorben und damit war ich nicht mehr Ehefrau. Meinen Beruf hatte ich aufgegeben, meine Rolle als Mutter war beendet. Wer war ich überhaupt noch? Ich war gezwungen, nach einer neuen Identität und einer neuen Perspektive für mein Leben zu suchen.

Was hat mir geholfen, einen neuen Weg und einen neuen Anfang zu finden?

Heute – fast sieben Jahre später – ziehe ich wieder Bilanz. Was hat mir geholfen, einen neuen Weg und einen neuen Anfang zu finden? Zum einen habe ich meine Gedanken aufgeschrieben, formuliert als Gebete, in denen ich Gott all meine Fragen, meine Wut und mein Nichtverstehen entgegenhielt, immer und immer wieder. Bis heute habe ich mehrere Kladden mit meinen Gedanken und Erlebnissen gefüllt. Außerdem habe ich Bücher gelesen, die mein Denken erweiterten, darunter viele Biografien von Frauen, die ebenfalls Verluste erlitten haben. Ich entdeckte vieles Gemeinsames. Und ich begriff, was Trauern bedeutet. Besonders hilfreich waren für mich die Gespräche mit unserm Pastor, einem guten Seelsorger. Er stellte mir viele Fragen, manche waren recht unbequem, aber sie forderten mich heraus, neue Wege zu denken.

Reden war für mich ein weiterer, ganz wichtiger Faktor bei der Trauerarbeit. Deshalb bin ich dankbar für die vielen Freunde, die mir immer wieder zugehört haben. Am meisten fühlte ich mich verstanden, wenn ich mit Menschen reden konnte, die selbst betroffen waren und Ähnliches erlebt hatten.

Es hat lange gedauert, bis ich begriffen habe, dass in meinem Leben nichts mehr so ist, wie es war, und auch nie wieder so sein wird. Zunächst glaubte ich noch, irgendwann würde mein Leben wieder „normal" werden. Das ist auch der Wunsch vieler Außenstehender: Alles soll möglichst schnell wieder „normal" werden, und manchmal hat es für sie auch den Anschein, ihr Wunsch sei schon in Erfüllung gegangen. Sie möchten nicht immer und immer wieder mit meiner Trauer konfrontiert werden, weil es sie hilflos und sprachlos macht. Trauer ist störend, deshalb muss sie schnell überwunden werden. Sie können nicht wissen, dass Trauer Schwerstarbeit ist und sich das Leben grundlegend verändert.

Es hat lange gedauert, bis ich begriffen habe, dass in meinem Leben nichts mehr so ist, wie es war, und auch nie wieder so sein wird.

Kürzlich fragte jemand die Teilnehmer einer Mitarbeiterschulung: Was hat sich nach dem 11. September 2001 für dich verändert? Eine Antwort lautete: Ich freue mich jetzt noch mehr auf den Himmel und die Zeit, wenn ich ganz nah bei Jesus bin.

Genau diese Veränderung habe ich auch erlebt. Seit dem 3. Juni 2000 kann ich aus tiefstem Herzen sagen: Ich habe Sehnsucht nach der Zeit, wenn ich für immer ganz mit Jesus zusammen sein werde. Die Dinge, die um mich herum auf der Erde passieren, kann ich seit diesem Datum mit viel mehr Gelassenheit sehen.

Weil ich während meiner Trauerzeit so oft mit der Hilflosigkeit mancher Menschen konfrontiert und dadurch auch verletzt wurde, habe ich eine Selbsthilfegruppe für Trauernde gegründet. Ich wollte mir und anderen Betroffenen die Möglichkeit schaffen, in der Trauer nicht allein bleiben zu müssen, sondern miteinander sprechen zu können und zu erleben, dass man verstanden wird. Viele haben mir bestätigt, dass diese Gruppe ihnen eine große Hilfe auf ihrem Weg durch die Trauer war. Neben dieser neuen Aufgabe arbeitete ich weiter bei den „Frühstücks-Treffen für Frauen“, jedoch nicht mehr nur in der Gruppe vor Ort, sondern auch im Vorstand des Vereins, dem über 220 Städtegruppen in ganz Deutschland angehören. Außerdem begann ich eine Ausbildung zur Seelsorgerlichen Lebensberaterin. Ich wollte erfahren, wie Menschen besser geholfen werden kann, ein gelingendes Leben zu führen. Dabei habe ich so viel über mich selbst erfahren, dass ich dankbar bin, diese Entscheidung getroffen zu haben.

Mein Leben war wieder ausgefüllt und abwechslungsreich. Ich verspürte keine Langeweile, war viel unterwegs und begegnete dabei vielen interessanten Menschen. Ich hatte das Gefühl, meine Identität wieder entdeckt zu haben, war unabhängig und stark genug, um das Leben allein zu bewältigen und vielfältig zu gestalten. Aber es gab aber auch immer wieder Momente, in denen ich schmerzlich die Einsamkeit erlebte. Vertrautes und Geliebtes war mir gewaltsam entrissen worden – Gott fragte mich nicht vorher. Es war ein langer, schwerer Weg der Ablösung, und manchmal fragte ich mich: Wird er jemals ein Ende haben?

Ich hatte das Gefühl, meine Identität wieder entdeckt zu haben, war unabhängig und stark genug, um das Leben allein zu bewältigen und vielfältig zu gestalten. Aber es gab aber auch immer wieder Momente, in denen ich schmerzlich die Einsamkeit erlebte.

Trotz der vielen neuen Kontakte und Abwechslungen sehnte ich mich zunehmend nach einem neuen Lebenspartner, nach einem Menschen, für den ich wichtig bin. Ich wünschte mir wieder ein Gegenüber, eine Schulter zum Anlehnen, jemanden, der da ist, wenn ich von einer Reise nach Hause komme. Als ich mir diese Sehnsucht eingestand, traf ich auch die Entscheidung, aktiv nach diesem Mann zu suchen. Das Stadium der Suche wurde von häufigen Zweifeln begleitet. War es nicht utopisch, so etwas zu hoffen und in meinem Alter diesen Mann tatsächlich zu finden? Aber immer wieder sagte eine leise Stimme in mir: Gott kann dieses Wunder tun!

„Fürchte dich nicht, sondern sei fröhlich und getrost, denn der Herr kann auch große Dinge tun" (Joel 2, 21). – Er hat es getan. Ich habe diesen Mann gefunden (ein modernes Medium hat seinen Teil dazu beigetragen), und wir haben im Oktober 2005 geheiratet. Der Vers aus dem Propheten Joel ist unser Trauspruch.

Mit der Eheschließung begann der nächste Prozess des Loslassens, dieses Mal zwar gewollt und geplant, aber dennoch nicht einfach. Wir lebten bis dahin 180 Kilometer von einander entfernt an unterschiedlichen Wohnorten. Jeder war in seinem Umfeld seit vielen Jahren fest integriert und zu Hause, hatte Haus, Freunde, Gemeinde, seinen Hausarzt und seinen Lieblingsplatz. Einer von uns beiden musste loslassen. Da mein Mann noch im Berufsleben steht, entschied ich mich für den Umzug. Dies bedeutete für mich nicht nur, ein lieb gewonnenes Haus mit Garten, einen Teil der Möbel und des Hausrats zurückzulassen, sondern vor allem auch gewachsene und vertraute Beziehungen. Denn trotz aller Beteuerungen, dass Freundschaften auch über Entfernungen bestehen bleiben, ist es nicht mehr das Gleiche. Ich wusste, dass da wieder Trauerarbeit nötig war. Dennoch war ich entschlossen, die Herausforderung mit Freude anzugehen, und viele meiner Freunde staunten über meinen Mut.

Vor kurzem fand ich beim Aufräumen eine Karte, die ich von einem Seelsorger bekommen hatte. Auf dieser Karte sieht man zwei Wege, einen Hauptweg, der den Berg hinabführt, und einen abzweigenden, der bergan geht. Darunter steht der Vers: „Gott spricht: Ich sage dir, was du tun sollst, und zeige dir den richtigen Weg" (Psalm 32,8). Der Pastor fragte mich damals: „Welchen Weg willst du einschlagen?" Ohne lange nachzudenken, antwortete ich: „Ich würde den Weg wählen, der den Berg hinaufführt." „Du hast dich für den beschwerlicheren Weg entschieden", sagte er daraufhin zu mir.

Ich habe in meinem Leben viele Schnitte machen und Geliebtes loslassen müssen, aber ich habe immer wieder Neues gewonnen.

Nun habe ich einen liebevollen Mann, der wie ich die schwere Erfahrung des Partnerverlustes durchmachen musste. Er unterstützt mich in meinen ehrenamtlichen Aufgaben. Ich habe ein neues Zuhause gewonnen, in dem das schönste Zimmer mir gehört, einen wundervollen Garten und eine große Familie. Neben meinem Sohn und meiner Schwiegertochter – mein Sohn hat nur ein knappes Jahr nach mir geheiratet – bereichern nun auch die vier Kinder meines Mannes mein Leben. Zwar sind sie alle erwachsen und leben außer Haus, aber sie gehören zu uns und sind ein Teil von uns. Sicherlich ist es nicht immer leicht, sich in die neue Familienkonstellation und die unterschiedlichen Gewohnheiten einzuleben, aber es ist spannend und erweitert den Horizont. Und fast hätte ich Senta vergessen, unsere Hündin, die nicht nur ein wichtiger Bestandteil meines Lebens geworden ist, sondern auch für die Spaziergänge sorgt, bei denen ich meine neue Nachbarschaft und die weitere Umgebung erkunde.

Ich habe im letzten Jahr enorm viel Neues lernen und mich nochmals auf eine völlig neue Lebenssituation einstellen müssen. Doch ich bereue diese Entscheidung nicht, sondern sehe in allem die Möglichkeiten zu lernen und mich zu entwickeln. Gott ist mir auf meinem Weg treu geblieben. Nach wie vor schreibe ich meine Gedanken, Fragen und Zweifel auf und bitte Gott um Weisheit für alle Entscheidungen. Und wenn ich mal verzagt bin und die Traurigkeit sich einschleichen will, nehme ich mein Tagebuch zur Hand und blättere darin. Dann bin ich erstaunt und erkenne dankbar, wie Gott die Dinge tatsächlich zum Besten gewendet hat und wie oft er in meinem Leben schon kleine und große Wunder getan und mir die Kraft und Freude zum Durchhalten gegeben hat. Und so wird es sicher weitergehen, mit glücklichen und schwierigen Tagen.

Ich habe in meinem Leben viele Schnitte machen und Geliebtes loslassen müssen, aber ich habe immer wieder Neues gewonnen.

Johanna Micus
(Name geändert)

Ein Netz aus starken Seilen

„Bis dass der Tod euch scheidet" – so hört es sich an, wenn zwei Menschen für immer verbunden bleiben wollen. Doch nicht wenige erleben, dass auch die stärkste Verbindung nicht unendlich belastbar ist. An den Rand ihrer physischen und psychischen Kräfte gebracht, muss Johanna das Seil ihrer Ehe kappen. Doch sie erfährt, wie gut es ist, wenn andere Beziehungs-Seile halten. Ein Lob der Freundschaft, gerade in Zeiten des Älterwerdens.

Johanna Micus, geb. 1956, ist Grafik-Designerin und Mutter von zwei Söhnen. Sie lebt in Köln.

K.o., aber froh. So fühlten wir uns, wenn wir gegen Abend mit dem Rucksack bepackt und schon leicht schlurfend den Schotterweg zu dem etwas verlotterten Berggasthof hinuntergingen. Wir, das waren drei Freundinnen, die sich in einem Anfall von Mut und Leichtsinn zu einem Kletterkurs in den französischen Alpen angemeldet hatten. Nie zuvor hatte ich an einer Wand gehangen. Wörter wie „sichern" und „abseilen" hatte ich immer nur im übertragenen Sinne gebraucht. Und ob ich schwindelfrei war, darüber hatte ich mir als Bewohnerin der Rheinebene noch nie Gedanken gemacht. Aber bis ich Panik bekommen konnte, war ich bereits angemeldet, hatte die Kursgebühr überwiesen und saß im Zug. Allein hätte ich mich ja vielleicht noch irgendwie aus der Sache herauswinden können, aber mit zwei erwartungsfrohen und munter schwätzenden Freundinnen neben mir …?

„Weißt du was? – Heute hast du zum ersten Mal wieder gelacht!"

Und dann, am Abend des vierten Tages, drehte sich eine von ihnen auf dem Weg zum Gasthof plötzlich zu mir um und sagte: „Weißt du was? – Heute hast du zum ersten Mal wieder gelacht!"

Konnte es wahr sein, dass diese Frau, die ich so oft traf, mich seit Jahren nicht mehr hatte lachen sehen? Es war wahr. Schon lange war mir nicht mehr nach Lachen zumute gewesen. Ab und zu hatten meine Jungs irgendeinen Unsinn gesagt oder gemacht, der mich schmunzeln ließ. Aber in ein befreites, ungehemmtes Lachen war ich schon „seit Ewigkeiten" nicht mehr ausgebrochen. Heute jedoch hatte eine von meinen Freundinnen in einer so unmöglichen Haltung am Seil gehangen und dazu ein Gesicht gemacht wie eine Vierjährige, die sich verzweifelt bemüht, die Schuhe ganz allein zuzubinden – und ich hatte losgelacht, bis mir die Tränen kamen.

Es war der Beginn eines neuen Lebensabschnitts. Seitdem habe ich mich hunderte Male „schiefgelacht", „totgelacht", vor Lachen Bauchschmerzen bekommen. Und meine Kinder mit mir. Ein Vierteljahr vor dem Kletterkurs hatte ich mich von meinem Mann getrennt. Zehn Jahre hatte ich mich bemüht, ihm „in bösen Tagen" die Treue zu halten. Die guten Tage konnte ich an einer Hand abzählen. Ich hatte die Kinder vom ersten Tag an faktisch allein erzogen und war schon bald nach der Geburt des zweiten Sohnes, den wirtschaftlichen Zwängen folgend, wieder in den Beruf eingestiegen. Nachts stillte ich den Jüngsten und hörte den wirren Geschichten meines psychisch schwer erkrankten Mannes zu. Früh morgens brachte ich den „Großen" zum Kindergarten, den Kleinen zur Tagesmutter und schlief dann auf dem Weg zum Büro vor Müdigkeit fast am Steuer ein. Mein Arbeitgeber hatte mich vor die Alternative gestellt, mit voller Stelle oder gar nicht wiedereinzusteigen – ich saß also bis zum späten Nachmittag in der Firma, um dann häufig auch noch Arbeit für den „Feierabend" und das Wochenende mit nach Hause zu nehmen. Dort erwarteten mich zwei „mamahungrige" Jungen und ein Ehemann, der bis in den Vormittag hinein geschlafen und dann seine Freundin getroffen hatte und der nicht verstand, warum ich um zehn Uhr abends schon so erschöpft war. Manchmal schaffte ich es kaum, die Post aus dem Briefkasten zu holen, bevor ich ins Bett sank.

Als ich Größe 34 trug, man mich nicht mehr auf meine gute Figur ansprach, sondern nur noch darauf, dass ich ja „wahnsinnig dünn“ sei, als meine Söhne und ich ganzjährig unter schweren Allergien litten und ich wegen Beeinträchtigungen meines Gehörs immer wieder beim Arzt saß – da endlich verstand ich, dass ich nicht länger heile Welt spielen konnte. Ich musste den schwarzen Peter nehmen und die „Böse“ sein, die sich trennt. Ich musste meine Haut und die meiner Kinder retten.

Der Bruch war ein Drama. Kein vernünftiges Wort war möglich, kein Bilanzieren und bewusstes Abschiednehmen. Als das Schlimmste überstanden war, versanken meine Söhne und ich für Monate in eine seltsame Mischung aus Trauer, Erschöpfung und Erleichterung. Mein schlechter gesundheitlicher Zustand gab mir einen Grund, endlich die Arbeitszeit zu reduzieren. Das Künstlerische, das mich an meinem Beruf einstmals gereizt hatte, hatte ohnehin keinen Raum mehr. Oder war ich nur zu „fertig“, um noch kreativ zu sein? So oder so – jetzt kam es mir vor, als hielte mir jemand die Pistole vor und riefe: „Geld oder Leben!“ Also lieber Leben.

Als das Schlimmste überstanden war, versanken meine Söhne und ich für Monate in eine seltsame Mischung aus Trauer, Erschöpfung und Erleichterung.

Wie ich das alles überstanden habe? „Mit Gottes Hilfe“ wäre eine fromme Antwort. Und auch nicht falsch. Aber wie hilft Gott? Ich erinnere mich nicht an plötzliche Kraftzufuhren, Erleuchtungen beim Bibellesen (ich war viel zu erschöpft, um überhaupt noch die Bibel zu lesen und zu beten) oder gar eine Stimme vom Himmel oder auch nur aus dem eigenen Inneren. Alles, woran ich mich erinnere, sind Freunde. Zu jeder Zeit und überall: Freunde. Und das

Alles, woran ich mich erinnere, sind Freunde. Zu jeder Zeit und überall: Freunde.

bedeutete und bedeutet bis heute vor allem: Freundinnen. Frauen, die einfach da waren und sagten: „Na, wie geht's? Sollen wir am Samstag zusammen kochen?"

Die Einladung zum Klettern hieß (das machte ich mir damals aber nicht klar): Du fühlst dich zurzeit wie ein Häufchen Elend. Du glaubst, du hättest diese Ehe „schaffen" müssen, und hast versagt. Aber das stimmt überhaupt nicht. Du bist eine Frau, die etwas kann, die etwas wagt, die einen Körper hat, der nicht nur als Lastesel zu gebrauchen ist. Guck mal, was es außer Job und Haushalt sonst noch auf der Welt gibt! Wir kümmern uns darum, dass für deine Jungs gesorgt ist.

Meine Jungs. Solange ich noch mit meinem Mann unter einem Dach wohnte, hatte ich mich als Alleinerziehende, Alleinverantwortliche und Alleingrübelnde gefühlt. Nach der Trennung war mir klar, dass ich mir Hilfe holen musste. Fortan fuhren wir mit Freunden in Urlaub, und meine Söhne konnten staunend erleben, dass „richtige Männer" einen Fahrradsitz ruckzuck auf die richtige Höhe bringen. Wenn es Schwieriges zu entscheiden gab, überlegte ich beim gemeinsamen Samstagsfrühstück mit einer befreundeten Vielfachmutter, wie viel Taschengeld ein Zehnjähriger braucht, um wie viel Uhr ein Fünfzehnjähriger abends zu Hause sein muss und ob ein Achtzehnjähriger seine Freundin mit in den Urlaub nehmen darf. Schlussendlich entschied ich diese Dinge allein, aber ich hatte die klugen Gedanken und die moralische Unterstützung erfahrener Eltern im Rücken.

Von Kirche und „frommen" Menschen hielt ich mich bis auf gelegentliche Gottesdienstbesuche fern. Die einen bemitleideten mich, von den anderen fühlte ich mich moralisch verurteilt. Und die meisten unkten, dass das mit meinen Söhnen auf Dauer ohne Mann im Haus nicht gut gehen würde. Erst als die beiden selbst schon Mitarbeiter in einer kirchlichen Jugendgruppe waren, traute auch ich mich, die Distanz aufzugeben und mich wieder aktiv am Leben einer Gemeinde zu beteiligen, wenn auch in einem anderen Stadtteil. Köln ist ja zum Glück kein Dorf.

Inzwischen sind Jahre vergangen. Ich arbeite schon längst wieder mit voller Stelle und bin in meinem Beruf, ehrlich gesagt, richtig gut und auch wieder kreativ geworden. Wenn wir drei Freundinnen alle Jahre wieder zum Klettern aufbrechen, muss niemand mehr nach meinen Söhnen schauen. Die sind beide erwachsen und kommen nur noch als Gäste nach Hause. Ich habe mich erst spät zu einer Scheidung durchringen können und nicht wieder geheiratet. (Mit den Männern ging es mir immer wie mit den Immobilien: Die richtig attraktiven gingen unter der Hand weg, ehe ich von ihnen erfuhr, und erschienen auch nie in Anzeigen.)

Was geblieben ist, sind meine Freundinnen. Und die sind nicht nur geblieben, es wurden immer mehr. Es hört sich unglaubwürdig an, aber es ist wahr: Seit ich mich von meinem Mann getrennt habe, habe ich mich nicht einen einzigen Tag einsam gefühlt. Das heißt nicht, dass ich ständig mit anderen Leuten „zusammenglucke". Es heißt nur, dass immer, wenn ich jemanden neben mir haben möchte, es diesen Jemand gibt, und sei es am Telefon. Wenn ich ins Kino möchte, fällt mir jemand ein, dem dieser Film auch gefallen könnte. Wenn ich wandern will, rufe ich ein paar Freundinnen an, und dann geht es los, zu zweit oder auch zu vielen. Zur Spargelzeit gehört ein gemeinsames Spargelputzen und -essen, zu Allerheiligen ein Kürbisfest, zu den Weihnachtsferien ein Schlittschuhausflug. Rituale, die sich im Laufe der Jahre gebildet haben. Ich warte nicht darauf, eingeladen zu werden. Ich lade selbst ein. Als Alleinverdienende kann ich mir kein Haus mit Garten leisten (weshalb ich mich im Sommer dann doch über Einladungen zu Gartenbesitzern freue), aber wir haben schon viele lange und lustige Abende an meinem großen Esstisch ver-

Was geblieben ist, sind meine Freundinnen. Und die sind nicht nur geblieben, es wurden immer mehr. Es hört sich unglaubwürdig an, aber es ist wahr: Seit ich mich von meinem Mann getrennt habe, habe ich mich nicht einen einzigen Tag einsam gefühlt.

bracht. Wenn die Gäste kommen und jeder etwas zu essen oder zu trinken mitbringt, durchzuckt mich zwar manchmal der Gedanke: Du bist noch nicht weiter als zu Studentenzeiten. Andere Leute in deinem Alter und mit so vielen Berufsjahren laden zu Partys ein, bei denen ein Profikoch in der Küche steht … Aber dann schüttele ich über meine Dummheit den Kopf und sage mir: Dein Leben ist noch so spannend und bunt wie zu Studentenzeiten. Immer wieder gibt es neue, interessante Leute kennenzulernen, und sie alle sind gern deine Gäste!

Im letzten Jahr gab es dann doch so etwas wie eine Krise, jedenfalls so etwas wie ein melancholisches Riff, an dem ich vorsichtig vorbeisegeln musste. Es begann mit meinem 50. Geburtstag, der sich als deutlich „schwieriger" als mein 40. herausstellte. Vielleicht lag es einfach daran, dass ich wegen einer Sportverletzung humpelte, auf jeden Fall kam ich mir alt und irgendwie gebremst vor. Bald darauf verstrich der Termin unserer Silberhochzeit an einem stinknormalen Dienstag. Niemand außer mir dachte daran, und ich fand nicht den Mut, irgendjemanden anzurufen, auch nicht meine Söhne. Was hätten sie auch sagen sollen? Ich war nicht richtig traurig, hatte eher den ganzen Tag schlechte Laune und beneidete eine Freundin, die Witwe ist und von allen Seiten Anteilnahme erfuhr, als sie den Silberhochzeitstermin ohne ihren Mann überstehen musste. (Ich gestand es mir erst am Abend ein.) Doch am nächsten Morgen war mein Trübsinn wie weggeblasen. Eine Freundin, die seit einigen Jahren Türkisch lernt, rief mich im Büro an: „Du musst doch nächste Woche für einen Auftrag in die Türkei. Hättest du was dagegen, wenn ich mitfliege?" Und ich hatte mir gerade Sorgen wegen meiner mangelnden Sprachkenntnisse gemacht! Wie viele Silberbräute gibt es, die in jeder Lage den richtigen Menschen um sich haben?

Bald darauf verstrich der Termin unserer Silberhochzeit an einem stinknormalen Dienstag. Niemand außer mir dachte daran, und ich fand nicht den Mut, irgendjemanden anzurufen, auch nicht meine Söhne.

„Forever Single“ ist für mich deshalb keine Schreckensvision. Single heißt für mich nicht einsam, sondern alleinverantwortlich. Wenn ich in die Zukunft schaue und mir vorzustellen versuche, wie meine „dritte Lebenshälfte“ aussehen könnte, waren da bis vor kurzem noch die Träume vom Leben in einer Alten-WG, die ich sicher mit vielen (Frauen) teile, die in den Endsiebzigern WG-Bewohnerinnen waren. Doch seit einiger Zeit kann ich mir auch vorstellen, weiterhin allein zu wohnen. Mitten im Netzwerk.

Protokoll: Hanna Schott

Gesine Schwan

Vom Ärmel hochkrempeln und Schiffbruch erleiden

Gesine Schwan ist eine zupackende Realistin und eine mutige Träumerin. Sie träumt von einer Gesellschaft, in der die älter werdenden Menschen viel einzubringen haben und es Menschen gibt, die zupacken – nicht nur im eigenen Interesse, sondern auch in dem anderer.

Gesine Schwan, geb. 1943, ist verheiratet und hat zwei erwachsene Kinder. Sie ist Politikwissenschaftlerin und war von 1999 bis 2009 Präsidentin der Europa-Universität Viadrina in Frankfurt/Oder. In Berlin geboren, wurde sie dort 1977 Professorin für Politikwissenschaft an der Freien Universität. Im selben Jahr wurde sie in die Grundwertekommission der SPD berufen. 2004 war sie Kandidatin für das Amt des Bundespräsidenten.

Ich glaube, ich kann ganz ohne Sentimentalität sagen, dass der Anfang meines Traumes mit einem tiefen Einschnitt in meinen Alltag zusammenfällt. Nach der schweren Krankheit und dem Tod meines ersten Mannes Alexander Schwan im Winter 1989 hatte ich keine Wahl: Ich musste lernen, allein zu sein. Wenn es nicht anders geht, kann man das lernen, man kann sich sogar Tag für Tag davon überzeugen, dass man es gut hat – und objektiv hatte ich es ja auch nicht schlecht, ich war gesund, ich hatte Kinder, einen interessanten Beruf. Aber es ist dem Menschen wohl nicht gegeben, allein zu sein; oder zumindest mir nicht. Das Leben, das ich in dieser Zeit geführt habe, war ein *zweitbestes,* nicht das beste mögliche. Und ich hatte mich damit abgefunden, dass das so bleiben würde. Ich hätte nicht damit gerechnet, dass es sich noch einmal grundlegend ändert. Das hat es aber. Ich lernte Peter Eigen nach dem Tod seiner Frau Jutta – mit beiden war ich befreundet gewesen – neu und anders kennen und bin mit ihm seit 2004 verheiratet. Wenn ich mich heute frage, wie das *gute Leben* aussieht, kann ich sagen: Das lebe ich jetzt.

In einer Partnerschaft ist mir weitgehende Symmetrie wichtig; Respekt, gegenseitige Achtung, selbstverständliche, unangestrengte Gleichberechtigung. So ist unsere Beziehung. Ich bin eher ein analytischer Typ, nicht so sehr ein bildlich-assoziativer. Aber wenn ich mir ein Bild vor Augen rufe für dieses *gute Leben,* dann sehe ich Szenen bei uns zu Hause: Essen mit der Familie am Sonntagabend, mein Mann und ich waren vorher vielleicht im Schlachtensee schwimmen, Kinder und Freunde sind zu Besuch, wir blicken in dieses üppige Gartengrün, auf dem Tisch stehen Gläser mit Rotwein. Das ist ein Traumbild von einem erfüllten Leben – und für mich ist es jetzt auch die Wirklichkeit. Damit werbe ich nicht für irgendeine kleinbürgerliche Idylle: Wenn alles zu regelmäßig läuft, bin ich die Erste, die den Wunsch hat, die Dinge in Bewegung zu bringen. Familie kann viele Formen haben, Zugehörigkeit kann man an ganz unerwarteten Stellen finden. Aber ich nehme niemandem, auch nicht dem überzeugtesten Verfechter der Singlekultur, ab, dass er tatsächlich am liebsten ganz allein mit sich auf der Welt ist.

Partnerschaftlich kann eine Beziehung nach meinem Empfinden nur sein, wenn beide berufstätig sein können, wenn beide neben der Familie Interessen außerhalb des Hauses haben. Und natürlich weiß ich, dass da die Schwierigkeiten anfangen: Mein Mann und ich haben es heute leicht, die Kinder sind erwachsen und selbstständig, wir können jetzt die Früchte eines tätigen Lebens ernten. Für uns ist es kein Problem mehr, viel unterwegs zu sein und trotzdem Zeit füreinander zu finden. Das sieht für junge Paare mit kleinen Kindern ganz anders aus. Deshalb träume ich davon, dass wir unser Bild von Biografien langsam verändern.

Ich selbst fühle mich heute leistungsfähiger und klarer im Denken als vor zehn oder fünfzehn Jahren.

Dass von Leuten nicht mehr erwartet wird, den Karrierehöhepunkt mit 45 Jahren zu erreichen, sondern ruhig erst mit Mitte, Ende 50 – zur größeren beruflichen Verantwortung käme dann auch mehr Lebenserfahrung. Ich glaube nicht, dass man mit 35 oder 45 Jahren notwendig kreativer ist als mit 50 oder 60. Ich selbst fühle mich heute leistungsfähiger und klarer im Denken als vor zehn oder fünfzehn Jahren. Zudem müssten sich 45-Jährige nach diesem Modell nicht fragen, was sie mit dem Rest ihres Berufslebens anfangen sollen. Eltern hätten mehr Zeit für ihre Kinder. Und das wäre so wichtig, denn eine kinderlose Gesellschaft gehört eher ins Reich der Albträume. Voraussetzung für all dies wäre allerdings ein verändertes Rollenbild: Überlegenheit dürfte dann von Männern weder automatisch beansprucht noch erwartet werden, Über- und Unterordnung sollten in Beziehungen gar nicht mehr vorkommen.

Damit verlässt mein Traum den Bereich des Privaten und geht ins Politische über. Der Mensch soll und mag privat nicht allein und in der Gesellschaft nicht nur für sich selbst da sein. Ich will überhaupt kein Märtyrertum oder irgendein entsagungsvolles Heldenleben predigen: Aber mich erfüllt es mit echtem Glücksgefühl, wenn ich Menschen treffe, die etwas wirklich um der Sache willen tun – oder für andere. Das Leben wird viel interessanter, wenn man sich mit anderen befasst! Wer nicht nur die eigenen Interessen bedient, fühlt sich unweigerlich besser. Er bewirkt etwas, ist nicht nur ein Rädchen im Getriebe, das von anderen bedient wird. Ich vermute, genau dieses Rädchengefühl ist es, das heute viele Leute unglücklich und unzufrieden macht. Mir ist klar, dass das ökonomische Ambiente für Altruismus im Augenblick nicht besonders günstig ist; es gibt schon eine starke Tendenz des An-sich-selbst-Denkens und auch eine gewisse Herablassung gegenüber traditionellen Formen der Solidarität. Was für ein Blödsinn!

Aber mich erfüllt es mit echtem Glücksgefühl, wenn ich Menschen treffe, die etwas wirklich um der Sache willen tun – oder für andere.

Ich hatte vor zwei Wochen ein Erlebnis, das mir Mut gemacht hat: Mein Mann und ich segelten mit einer Jolle auf dem Wannsee:

Es war schauderhaftes Wetter, wir hätten es wahrscheinlich lieber lassen sollen, und natürlich kenterten wir. Wir waren nicht in Lebensgefahr, aber doch in einer sehr misslichen Lage. Binnen Minuten wurden wir von der Besatzung eines Bootes der DRK-Wasserwacht gerettet: jungen Leuten, die am Wochenende freiwillig Dienst tun, Badeaufsicht machen, Kindern schwimmen beibringen und eben glücklosen Seglern helfen. Sie richteten unser Boot auf, pumpten es leer, gaben uns trockene Anziehsachen und warme Suppe. Einer der jungen Männer war Student an der Viadrina und fand es ziemlich lustig, seine triefende Präsidentin aus dem Wasser zu ziehen. Was ich sagen will, ist: Diese jungen Leute bekommen nichts dafür, sie machen ihre Arbeit nicht für Geld, sie tun einfach etwas für andere – und haben Spaß dabei. Sicherlich liegen sie auch gelegentlich auf dem Steg, um braun zu werden. Warum nicht? Wichtig ist: Sie bewirken etwas. Es bedeutet für die Gesellschaft einen Unterschied, ob sie da sind oder nicht. Ich glaube, dass wir unendlich viele Möglichkeiten haben, mit unserem Handeln solche Unterschiede herbeizuführen. Und keiner von den Propheten der modernen Konkurrenzgesellschaft soll mir erzählen, wir seien glücklicher, wenn wir uns nur um uns selbst kümmerten.

Wer sich nicht auf andere Menschen oder auf die faszinierenden Schwierigkeiten einer *Sache,* an die man glaubt, einlässt, dessen Leben führt unweigerlich in die Langeweile eines besinnungslosen Konsumismus. Und Langeweile, das hat Jean-Paul Sartre eindrucksvoll beschrieben, gebiert am Ende Ekel vor dem Leben – schließlich ist sie die höchste und intensivste Form der Sinnlosigkeit. Nur durch Öffnung, durch Zuwendung zu anderen kann man sie vermeiden.

Ich glaube an das Evangelium der Talente – und schätze die Geduld der Krankenschwester nicht geringer als die Geduld des Nobelpreisträgers.

Dazu braucht man allerdings eine bestimmte Einstellung gegenüber den Mitmenschen. Genau wie ich im Geschlechterverhältnis Über- und Unterordnung für schädlich halte, finde ich, dass wir uns abgewöhnen müssen, Menschen mit ihren Fähigkeiten in die Kategorien „besser“ und „schlechter“ einzuteilen. Sie sind anders, verschieden. Ich glaube an das Evangelium der Talente – und schätze die Geduld der Krankenschwester nicht geringer als die Geduld des Nobelpreisträgers. Deshalb geht mir im bildungspolitischen Diskurs, drastisch gesagt, das Elitegerede so auf die Nerven. Es versteht sich doch von selbst, dass wir Wert auf ausgezeichnete Ausbildung und ebenso ausgezeichnete Leistungen legen. Aber ich möchte jungen Menschen auch eine Haltung vermitteln, die das Besser-schlechter-Denken überwindet: In der Gesellschaft, von der ich mir zu träumen erlaube, ist die gleiche Würde aller Menschen auch für alle erlebbar, dort liebt man den anderen wie sich selbst – und wenn man kann, auch noch Gott.

In der Gesellschaft, von der ich mir zu träumen erlaube, ist die gleiche Würde aller Menschen auch für alle erlebbar, dort liebt man den anderen wie sich selbst – und wenn man kann, auch noch Gott.

„Meine“ Universität, die Viadrina, ist eine oft gelobte deutsch-polnische Hochschule – aber Internationalität pflegen wir dort doch nicht nur im Dienste des Marktes und schon gar nicht im Kampf um Konkurrenzvorteile! Es geht uns um die Erfahrung kulturellen Reichtums, um die durchaus mitunter anstrengende Auseinandersetzung mit dem Andersartigen, Fremden – und um den freudigen Schreck, den wir beim Erkennen von Gemeinsamkeiten empfinden, sei es in der Literatur, der Musik, der politischen oder philosophischen Auseinandersetzung. An der Viadrina kann ich für eine vielleicht noch ferne, aber doch konkrete Utopie arbeiten: für Europa. Wenn es uns gelänge, nach all den Kriegen, all dem Leid in unserer Geschichte ein gewaltfreies Zusammenleben möglich zu machen, einen Modus der Konfliktlösung zu finden, der das Leben nicht zerstört, dann wäre dies ein gewaltiger Schritt. Natürlich ist dies ein großer Traum. Doch ich bin nicht die Einzige, die ihn träumt.

Protokoll: Susanne Gaschke

Ute Wegend

Corrie ten Boom (1892-1983)

Corrie ten Boom, geb. 1892 in Haarlem (Nordholland), wächst in einem christlichen, weltoffenen Uhrmacher-Elternhaus auf. Nachdem die Nazis 1940 die Niederlande besetzt haben, fasst sie an ihrem 50. Geburtstag einen Entschluss, der sie und ihre Familie ins KZ bringen wird: Sie geht in den Widerstand und versteckt Juden in ihrem Haus. Als Überlebende wird sie mit Mitte fünfzig zur „Landstreicherin Gottes".

„Heute weiß ich, dass Erinnerungen der Schlüssel sind, nicht zur Vergangenheit, sondern zur Zukunft. Ich weiß, dass unsere Erlebnisse, wenn wir sie von Gott gebrauchen lassen, die unbegreifliche, aber vollkommene Vorbereitung sind für die Arbeit, die er uns geben wird." Das sind Sätze von Corrie ten Boom, einer Frau, die mit 50 Jahren einen mutigen Neuanfang wagte. Sie sagte sie in weiser Zurückschau, als alte Frau, nicht lange, bevor sie 1983 mit 91 Jahren starb.

Ich hatte schon von ihr gehört und gelesen, hatte einen Teil ihres Lebens verfilmt gesehen – aber erst, als ich selbst auf die 50 zuging, begann ich, mich intensiver mit ihr zu befassen.

Wer war Corrie ten Boom? Was machte den Lebenslauf dieser Holländerin so ungewöhnlich? Neugierig begab ich mich auf die Suche, um den Mensch hinter dem Mythos, hinter den verschiedenen Bildern, die mir noch in Erinnerung waren, zu entdecken. Und ich stieß auf Sätze wie diesen: „Ein Mensch ist nicht plötzlich mit

„Ein Mensch ist nicht plötzlich mit fünfzig Jahren da; es gibt Jahre der Vorbereitung, Jahre der Erfahrungen, die Gott in einer Art gebraucht, die wir vielleicht nicht verstehen, bis wir ihn von Angesicht zu Angesicht sehen."

fünfzig Jahren da; es gibt Jahre der Vorbereitung, Jahre der Erfahrungen, die Gott in einer Art gebraucht, die wir vielleicht nicht verstehen, bis wir ihn von Angesicht zu Angesicht sehen."

Es gab viele Bücher zu lesen, Bücher von ihr und über sie. Nach und nach kristallisierte sich für mich das Porträt einer Person heraus, die mich zunehmend faszinierte.

Cornelia ten Boom wird im Frühling 1892 geboren. Von klein an nennen alle sie nur Corrie. Sie ist das vierte und letzte Kind der Familie. Das Elternhaus steht in Haarlem in Nordholland. Nicht nur die Kinder haben Spitznamen, selbst das Haus wird liebvoll mit einem Kosenamen belegt: Beje. Es ist nicht nur das Wohnhaus der Familie, sondern auch der Arbeitsplatz des Vaters, eines Uhrmachers, mitsamt Ladenlokal. Und es ist ein Haus mit offenen Türen. Wer kommt, findet hier jederzeit einen Platz am großen ovalen Tisch – und im Herzen der Familie. Der praktisch gelebte Glaube an Jesus Christus ist der Mittelpunkt des Familienlebens. Corries Eltern sind ein glückliches Paar und das Vorbild ihrer Kinder.

Corrie ist eine behütete, frohe Kindheit beschieden, voller Lachen und Liebe. Dabei ist die Familie alles andere als wohlhabend. Der Vater hat das Uhrmachergeschäft seines Großvaters übernommen, ohne dafür richtig ausgebildet zu sein. Doch zum Glück hat die Mutter das Talent, aus wenig viel zu machen, egal, ob beim Zubereiten der Mahlzeiten oder beim Nähen der Kleidung. Nie wird der Geldmangel zum Grund, an der Gastfreundschaft zu sparen. Der Vater liest viel, pflegt Kontakte in alle Welt und gewinnt einen weiten Horizont. Er diskutiert mit allen, die er trifft, über Gott und die Welt. Seine Lebensgrundlage ist die Bibel, und er überrascht seine Gesprächspartner nicht nur mit seinem theologischen Wissen. Besonders Juden sind für ihn gern gesehene Gäste. Er hat die Gabe, Vertrauen zu schaffen, sein Gegenüber ernst zu nehmen und jeden spüren zu lassen, dass er ihm wichtig ist. Corrie sagt in der Rückschau über ihr Verhältnis zum Vater: „Mein Glaube an Vater und die Worte, die er aus der Bibel vorlas, waren unverrückbar."

Beide, Vater und Mutter, fordern die Kinder heraus, in allen Bereichen das Beste zu geben, und wenn es beim Nähen und Reparieren der Kleidung ist. Schon früh wird im Hause ten Boom spielerisch der Umgang mit fremden Sprachen eingeübt. Corrie mag am liebsten das gemeinsame Bibellesen, bei dem jedes Familienmitglied eine Bibel in einer anderen Sprache vor sich liegen hat. Mal liest der eine, mal die andere einen Vers in der jeweiligen Sprache. So lernte Corrie schon früh Englisch und Deutsch.

Corries große Schwester, Betsie, ist begabt für alles Schöne. Sie hat nicht nur ein feines Gespür für die Gestaltung ihrer Umgebung, selbst die Geschichten, die sie erzählt, schmückt sie farbenprächtig aus. Corrie dagegen ist ein Mädchen, das wenig Wert auf Äußeres legt und mehr pragmatisch denkt: Schnell, schnell, es gibt doch noch so viel zu lernen! Als sie siebzehn ist, merkt sie jedoch, dass es vor allem eine Sache gibt, die sie sehr gern von ihrer Schwester lernen möchte: Betsie kann biblische Geschichten so lebendig erzählen, dass man glaubt, sie sei dabei gewesen. Wenn man ihr zuhört, ist es, als würde man beim Weben eines Teppichs zuschauen. Wort für Wort wird ein buntes Bild geknüpft. Das will Corrie auch können. Wie erzählt man eine Geschichte plastisch und spannend? Betsie ist eine gute Lehrerin. – Wie wichtig diese mühevolle Übung für ihr späteres Leben sein wird, kann Corrie nicht ahnen.

Corrie erwirbt Diplome in Haushaltskunde, Kinderpflege, Handarbeit und vielem mehr. Auch das Klavierspielen macht ihr viel Freude. Überhaupt ist Corrie unermüdlich. Um Religionsunterricht geben zu können, macht sie eine Bibelschulausbildung. Das Examen klappt zwar erst im zweiten Anlauf, Jahre später, doch sie findet ohnehin, dass sie am meisten lernt, wenn sie das, was sie selbst verstanden hat, schon einmal anderen weitergibt. Das Unterrichten von Kindern macht ihr den größten Spaß, und bald fängt sie an, Konfirmandenunterricht zu geben.

1920 ist Corrie 28 Jahre alt und lebt wie die ebenfalls unverheiratete Betsie nach wie vor im „Beje“. Die Mutter lebt nicht mehr, die beiden älteren Geschwister, Willem und Nollie, sind schon längst aus dem Haus und haben eigene Familien. Corrie führt den Haushalt, Betsie hilft im Uhrmacherladen. Als eine Grippeepidemie über Holland hereinbricht, wird auch Betsie schwer krank, und Corrie findet sich unversehens im Uhrengeschäft wieder. Eine neue Welt tut sich auf. Die ungewohnte handwerkliche Arbeit hat sie noch nie getan, und sie meint, zwei linke Hände zu haben. Aber mit der Zeit findet Corrie richtig Freude an der Arbeit, auch am Umgang mit den Menschen, die in den Laden kommen, und mit Zahlen und Büchern. Als die Grippeepidemie vorbei ist, tauscht sie offiziell ihre Aufgabenbereiche mit Betsie und lernt Uhrmacherin. Betsie blühte im Haushalt auf und entdeckt ihre Liebe zum Detail. Und Corrie ist ein paar Jahre später die erste amtlich zugelassene Uhrmacherin Hollands. Trotzdem wird der Vater von einer Tante Anna gewarnt: „Corrie wird nie ihre ganze Zeit dem Beruf widmen. Sie versucht immer, sechs Dinge auf einmal zu tun.“

„Corrie wird nie ihre ganze Zeit dem Beruf widmen. Sie versucht immer, sechs Dinge auf einmal zu tun.“

Beim Reparieren der Uhren mit den vielen kleinen Rädern lernte Corrie Geduld – und Beten. „Ich erlebte das Wunder, dass die höchste Möglichkeit von Gottes Liebe und Macht uns in den kleinen Dingen des Alltags zur Verfügung steht.“

Im „Beje“ ist immer Platz, heißt es weit über Haarlem hinaus, auch nach dem Tod der Mutter. Seit einiger Zeit wohnen hier auch Missionarskinder, die in Holland zu Schule gehen, während ihre Eltern „im Busch“ arbeiten. Betsie sorgt sich um Nahrung und Kleidung, Corrie ist verantwortlich für Sport und Musik zusätzlich zum Schulunterricht. Für die kinderlosen Schwestern werden die Missionarskinder bald „unsere Kinder“. Doch auch sie werden groß und gehen aus dem Haus, weil sie eine Arbeit finden oder heiraten.

Als Holland im Mai 1940 von deutschen Truppen besetzt wird,

ist das letzte der Missionarskinder ausgezogen. Eines Nachts hat Corrie einen Traum: Sie sieht sich und ihre Familie in einem Bauernwagen sitzen. Sie sind Gefangene, und die schwarzen Pferde vor dem Wagen ziehen sie weit, weit fort. Wohin? – Sie hat keine Ahnung. Aber als sie aufwacht, kommt es ihr vor, als habe dieser Traum eine Ahnung kommender Ereignisse ausgedrückt.

Das Leben in Holland verändert sich von einem Tag auf den anderen. Sperrstunden, Lebensmittelkarten und heimliches Radiohören bestimmten das Leben im „Beje". Menschen werden abtransportiert und verschwinden einfach aus der Nachbarschaft.

Menschen werden abtransportiert und verschwinden einfach aus der Nachbarschaft. Im November 1941 erkundigt sich Corrie, wie sie einem jüdischen Nachbarn helfen kann, und bekommt Kontakt zum Untergrund.

Im November 1941 erkundigt sich Corrie, wie sie einem jüdischen Nachbarn helfen kann, und bekommt Kontakt zum Untergrund. Ihr Bruder Willem hat schon seit längerem ein geheimes Netzwerk aufgebaut. Der Besuch bei einem jüdischen Arzt ist schließlich der Auslöser. Die immer bedrohlicher werdende Lage der Juden lässt Corrie nicht los. Dazu die Worte ihres Neffen, Kik, die ihr nicht mehr aus dem Kopf gehen: „Wenn du im Untergrund mitarbeitest …"

Im Frühling 1942 wird Corrie fünfzig Jahre alt, und sie fasst einen Entschluss, dem sie in einem Gebet Worte gibt: „Herr Jesus, ich biete mich für dein Volk dar. An jedem Ort. Zu jeder Zeit." Und wieder sieht sie sich vor ihrem inneren Auge im Bauernwagen mit den schwarzen Pferden, auf dem Weg, alles zu verlassen, was ihr lieb und teuer ist. Wohin geht die Reise? Sie weiß es nicht.

Im Mai findet der erste Jude im „Beje" sein Versteck. Weitere kommen dazu, und bald schon werden die Sicherheit und die Versorgung aller Bewohner mit Lebensmittelkarten zu einer großen Herausforderung. Ihr Bruder Willem rät Corrie, sich eigene „Quellen" zu erschließen. Die vielen Kontakte der Familie in und um

Haarlem helfen ihr, ein großes Netz aufzubauen, und sie staunt, was alles im Verborgenen möglich ist. Im „Beje“ wird durch Umbau ein geheimer Raum geschaffen, der den Juden als Versteck für den Fall einer Durchsuchung des Hauses dienen soll. Immer wieder wird nachts der Ernstfall geprobt: Wie lange dauert es, bis alle geräuschlos verschwunden sind, und zwar ohne dass jemand irgendwo im Haus eine Spur hinterlassen hat? In „Stoßzeiten“ müssen es sechs oder sieben Leute in weniger als zwei Minuten schaffen.

Corrie ist immer und überall im Haus für alle und alles zuständig Doch sie kann nicht verhindern, dass die Sturmwolken immer näher heranziehen. Sie ahnt, dass das Versteckspielen nicht mehr lange gut gehen wird. Die Ungewissheit ist dabei für sie das Schrecklichste. Ist heute der Tag, an dem wir entdeckt werden? Oder morgen?

Immer wieder spielt Corrie nicht nur in Gedanken eine Situation durch: Die Gestapo steht nachts vor ihrem Bett und fragt: „Wo sind die Juden?“ – Sie hat Angst, in der entscheidenden Situation nicht die richtige Antwort zu finden.

Die Gefängnistasche mit dem Nötigsten steht gepackt neben ihrem Bett. Corrie ist auf alles vorbereitet.

Die Ungewissheit ist dabei für sie das Schrecklichste. Ist heute der Tag, an dem wir entdeckt werden? Oder morgen? Die Gefängnistasche mit dem Nötigsten steht gepackt neben ihrem Bett. Corrie ist auf alles vorbereitet.

Eines Nachts ist es so weit. Corrie liegt grippekrank im Bett. Sie hört Stimmen im Hausflur. Dann reißt ein großer Mann die Schlafzimmertür auf: „Sie sind also die Rädelsführerin! Wo sind die Juden versteckt?“ Hastig zieht sie sich an. Die Gefängnistasche steht direkt vor der Geheimtür zum Versteck der Juden.

Vor Angst und Fieber bebend wird Corrie aus dem Zimmer gestoßen. Sie hat keine Gelegenheit, die Tasche mitzunehmen. Die Gestapo bedrängt sie mit Worten und schreckt auch nicht vor Schlägen zurück: „Wo sind die Juden?“ – „Wo sind die Lebensmittelkarten?“ Wie schwer fällt es ihr, immer wieder zu beteuern:

„Ich weiß nicht, wovon Sie reden!" Mehrfach wird das Haus von oben bis unten durchsucht – der geheime Raum bleibt unentdeckt.

Corrie, Betsie und der alte Vater werden in einen Bus verfrachtet, der sie aus Haarlem fort bringt. Corrie ist es, als hätte sie das alles schon einmal erlebt. Dicht gedrängt an Betsie und den Vater erinnert sie sich an ihren Traum. Wo die anderen Familienmitglieder sind, weiß sie nicht.

In einem Gefängnis in Scheveningen sehen die Schwestern den Vater ein letztes Mal. Er verlässt sie nicht, ohne ihnen noch einen Segen mit auf den Weg zu geben. Zehn Tage später stirbt er.

Von Fieber geschüttelt erlebt Corrie die quälende Einzelhaft. Jemand hat ihr ein kleines Buch mit den vier Evangelien zugesteckt. Sie sind ihr einziger Halt in der Einsamkeit. „Ich las das Johannesevangelium, bis der Schmerz verging", erzählt sie später. Vor ihrem Abtransport nach Vught, einem Konzentrationslager, erfährt Corrie von Willem, dass er und Nollie sich in Freiheit befinden. Aber ein Neffe wird vermisst.

In Vught sieht und erlebt Corrie unsagbares Leid. Doch sie hat einen Trost in allem Schweren: Sie ist wieder mit Betsie vereint. Die große Schwester erinnert die kleine an die Worte des Vaters, der einmal zu Corrie gesagt hatte: „Der himmlische Vater trägt die Koffer, die uns zu schwer sind."

Betsie versteht ihren Aufenthalt in Vught ganz klar als eine Aufgabe von Gott: Sie soll den jungen Frauen hier zeigen, was es heißt, zu lieben statt zu hassen. Und Corrie fragte sich noch Jahre später: „… was für ein Wesen meine Schwester war, auf welcher Straße sie ging, während ich mich neben ihr auf der allzu festen Erde müde dahinschleppte."

Von Vught werden die beiden in furchtbaren Tagen und Nächten im Güterwaggon nach Ravensbrück, ein deutsches KZ, transportiert. Als sie dort sind, nehmen Betsies Kräfte zusehends ab. Auf schier wunderbare Weise gelingt es Corrie, eine Vitaminflasche und eine Bibel in einen Pullover gewickelt an den Aufseherinnen vorbeizuschleusen. Die Grausamkeiten, Hunger und Kälte setzen allen zu.

Doch abends versammeln sich die Frauen heimlich, um mit den beiden Schwestern Gottesdienst zu feiern. Sie sprechen und singen in den verschiedenen Sprachen – für Corrie und Betsie ist es ein Vorgeschmack auf den Himmel.

Die Arbeit bei Siemens ist für die geschwächten Frauen eine einzige Qual. Die geschwollenen Füße und Hände schmerzen. Doch abends versammeln sich die Frauen heimlich, um mit den beiden Schwestern Gottesdienst zu feiern. Sie sprechen und singen in den verschiedenen Sprachen – für Corrie und Betsie ist es ein Vorgeschmack auf den Himmel. Gottes Wort scheint für Ravensbrück geschrieben zu sein. In allem Elend ist es ein überwältigendes Erlebnis zu spüren: „Gott ist unsere Wohnung. Unter uns sind seine ewigen Arme."

Nicht nur Worte aus der Bibel schenken Trost. Die Schwestern erleben auch Dinge, die sie sich nicht erklären können: Noch immer kommen Tropfen aus der kleinen Vitaminölflasche für die schwache Betsie. Und beide machen sich Gedanken über die Zukunft. „Es war seltsam: An diesem Ort, wo Pfeifen und Lautsprecher alles entschieden, fragte uns Gott, was wir in den vor uns liegenden Jahren tun würden."

Und eines Tages beschreibt Betsie, was sie vor ihrem inneren Auge sieht: „Wir werden ein Haus haben, ein großes … in das Menschen, die durch das Leben im Konzentrationslager körperlich und seelisch Schaden gelitten haben, kommen werden …" Betsie malt dieses Haus in bunten Farben, mitten in einer grauen und quälenden Wirklichkeit. Corrie kann es kaum fassen. Doch bald muss sie die immer schwächer werdende Schwester auf die Krankenstation bringen. Betsie kann nur noch langsam und undeutlich sprechen. Dennoch ist es ihr wichtig, das zu erzählen, was sie jetzt vor Augen hat: Sie sieht ein Konzentrationslager in Deutschland, ohne Mauern und Stacheldraht, ohne Hass und Grausamkeit. „Wir werden die Baracken grün streichen, vor den Fenstern werden Blumenkästen stehen. Es wird so gut für sie sein … zu sehen, wie sie wachsen. Menschen können von Blumen lernen zu lieben … müs-

sen den Menschen sagen, was wir hier gelernt haben. Müssen ihnen sagen, dass kein Abgrund so tief ist, dass er einen nicht herausholen könnte. Sie werden auf uns hören, Corrie, weil wir hier gewesen sind … so viel zu tun.“
Betsie „sieht“ sich und ihre Schwester im neuen Jahr in Freiheit. Sie stirbt wenige Tage vor Weihnachten, und Corrie wird am 1. Januar 1945 entlassen. Beide sind an diesem Tag keine Gefangenen mehr. Corrie kehrt allein ins „Beje“ zurück, besucht Freunde, Verwandte und repariert Uhren. Doch sie spürt, dass dieses Haus nicht mehr ihr Zuhause ist. Sie vermisst Betsie, und plötzlich fallen ihr zum ersten Mal nach ihrem Tod ihre Worte wieder ein. Nun weiß sie, was zu tun ist: „Wenn dies Gottes neue Arbeit für mich war, dann würde er mir den Mut und die Worte geben“, erzählt sie später.

Corrie ist jetzt 53 Jahre alt und startet einen Neuanfang – und zwar noch in derselben Woche. Sie hat einen reichen Schatz an Erfahrungen und Erlebnissen in sich, den sie weitergeben möchte. Also setzt sie sich aufs Fahrrad, um in Kirchen, Klubräumen und Privathäusern von Gottes Wirken in ihrem Leben zu erzählen. Sie erzählt von Betsies Vision, einem Heim in Holland, in dem Menschen lernen dürfen, ohne Angst zu leben. Nach einer dieser Veranstaltungen erklärt ihr eine vornehme Dame, dass sie ihr Haus Corrie zur Verfügung stellen möchte. Ihr Sohn ist heil aus dem Krieg zurückgekehrt, und sie möchte etwas tun, um ihre Dankbarkeit auszudrükken. Entlassenen Gefangenen, die so viel durchlitten haben, sollen sich die Türen ihres Hauses öffnen.

Corrie ist jetzt 53 Jahre alt und startet einen Neuanfang – und zwar noch in derselben Woche.

Als Corrie das Traumhaus – und ein Traumhaus ist es ja im wahrsten Sinne des Wortes – mit dem großen Garten sieht, erkennt sie es wieder. So farbenfroh, so blühend hat Betsie es in Ravensbrück beschrieben. In den folgenden Jahren finden viele hundert Menschen in Not hier ein Heim – und einen Weg ins Leben zurück.

Corrie hält weiter Vorträge, denn sie braucht Geld für den Unterhalt des großen Hauses. Wenn sie spricht, spürt sie die Sehnsucht und das Verlangen der Menschen nach der Liebe Gottes. Sie erzählt von Betsie und wie man lernen kann zu vergeben. Und von dem Einen, der die Menschen aus jeder Art der Gefangenschaft befreien kann und will. Corrie erlebt am eigenen Leib, welcher Segen es ist, wenn man vergibt, als einer der Peiniger von Ravensbrück vor ihr steht und ihr nach einem Vortrag die Hand reichen will. Sie kann diese Hand nehmen und erlebt ein Stück Befreiung.

Corries Arbeit weitet sich aus. Sie reist nicht nur durch ganz Holland, sondern auch kreuz und quer durch Europa und schließlich nach Amerika.

Corries Arbeit weitet sich aus. Sie reist nicht nur durch ganz Holland, sondern auch kreuz und quer durch Europa und schließlich nach Amerika.

Eines Tages bekommt sie Besuch von einem Deutschen. Der Leiter eines Hilfswerks möchte mit Corrie sprechen, weil er von ihrer Rehabilitationsarbeit in Holland gehört hat. Er bietet ihr die Gebäude eines früheren Konzentrationslagers in Darmstadt zur Nutzung an. Als sie davor steht, sieht sie die grauen Baracken schon in grüner Farbe mit Blumenkästen davor. Auch Betsies zweite Vision wird Realität.

Corrie „lebt aus dem Koffer“ und bereist die ganze Welt. In Afrika besucht sie Gefängnisse, weil sie weiß, wie es ist, hinter Mauern zu leben. In Berlin, am Grenzübergang Checkpoint Charlie, wird sie festgehalten, weil sie ihre Bücher nicht einführen darf. Die Verhöre schmerzen und erinnern an die Gestapo. Doch das Evangelium, das Corrie durch die Welt trägt, kennt keine Grenzen und Mauern. Und überall erfährt Corrie Gastfreundschaft, wie eine Kette von Liebe und Großzügigkeit, die nicht abreißen will. Manchmal ist es nicht einfach, immer die Empfangende zu sein. Aber Corrie überlässt sich den fürsorgenden Händen Gottes und lebt von Spenden. Sie hat noch die Worte ihres Vaters im Ohr: „Sag mir mal, Corrie, wenn wir von Haarlem nach Amsterdam fahren, dann brauchen wir doch Geld für die Fahrkarte. Wann gebe ich dir das Geld? Vielleicht drei Wochen vorher?" – „Nein, Papa du gibst mir das Geld, wenn wir vor dem Fahrkartenschalter stehen." – „So ist Gott, Corrie."

Bis ins hohe Alter ist Corrie als „Landstreicherin Gottes" unermüdlich unterwegs. Sie erzählt und schreibt über Gottes Wirken, ihre Bücher werden in viele Sprachen übersetzt, und immer hat sie Betsies Worte im Ohr: „… so viel zu tun …"

Die letzten Jahre ihres Lebens verbringt sie in Kalifornien. Sie stirbt an ihrem 91. Geburtstag.

Und ich fühle mich nach der Beschäftigung mit Corrie ten Boom motiviert, mit bald fünfzig Jahren mein Leben kritisch zu betrachten und keine Angst vor neuen Wegen oder neuen Herausforderungen zu haben.

Diet Eman

„Herr, bitte schick einen Hubschrauber!"

1920 wird Diet Eman in eine gutbürgerliche, königstreue und streng reformierte Familie in Den Haag geboren. Als deutsche Truppen Holland besetzen, ist sie zwanzig und arbeitet bei einer Bank. Empört (aber auch naiv), wie sie ist, zieht sie demonstrativ einen Pullover im Orange des Königshauses an. Doch schon bald merkt sie, dass die Lage sehr viel bedrohlicher ist, als sie ahnen konnte: Ein jüdischer Kollege muss untertauchen – und Diet sorgt für ein Versteck. Es ist der Beginn einer sich schnell ausweitenden Untergrundtätigkeit. Diet gehört nun zusammen mit ihrem Verlobten Hein zu einer Gruppe, die Juden nicht nur auf dem Land versteckt, sondern sie auch mit gefälschten Papieren und gestohlenen Lebensmittelkarten versorgt. Als die Alliierten dem holländischen Widerstand zur Hilfe kommen, machen sie es sich außerdem zur Aufgabe, abgeschossene britische Piloten zu bergen und zu verstecken. Eines Tages wird das Paar verraten und festgenommen. Diet bleibt in Holland und kommt ins KZ Scheveningen, Hein wird nach Dachau transportiert. Diet kommt noch vor Kriegsende frei und feiert die Befreiung Hollands mit Amerikanern und Kanadiern. Jetzt muss nur noch Hein zurückkommen. Doch Hein kommt nicht. Monate später trifft die Nachricht ein, dass er in Dachau umgekommen ist.[1]

Diet fällt in eine tiefe Depression. Da nimmt Corrie ten Boom sie in ihr Haus auf und hilft ihr aus dem tiefsten Tal. Diet macht eine Ausbildung zur Krankenschwester, doch dann will sie endlich weg aus

1 Ihre Autobiografie „Liebe, die den Hass besiegt" (Brockhaus Verlag, leider nur noch antiquarisch erhältlich) erzählt ihr Leben bis zu diesem Zeitpunkt.

Holland und diesem Europa, das für sie voller böser Erinnerungen steckt. Sie nimmt eine Stelle in Venezuela an und bleibt dort viele Jahre, bis sie einen US-Amerikaner kennenlernt und heiratet. Sie folgt ihm in die USA, bekommt zwei Kinder, doch die Ehe scheitert. „Mein Brautkleid für die Hochzeit mit Hein hing einfach zu viele Jahre im Schrank", wird sie später sagen.

Diet ist für die Kinder allein verantwortlich und verdient ihren Unterhalt in der Exportabteilung einer Maschinenbau-Firma. Als die Kinder aus dem Haus gehen, besinnt sie sich auf ihre guten Spanischkenntnisse aus Single-Zeiten und begleitet amerikanische Ärzte als Übersetzerin bei freiwilligen karitativen Einsätzen in Mittelamerika. Und weil ihre Hilfe dringend gebraucht wird und die abenteuerlichen Reisen ihr Spaß machen, hört sie damit gar nicht mehr auf – auch nicht nach ihrem 80. Geburtstag. Denn neue Herausforderungen haben für sie immer noch einen Reiz. Mit fast 87 Jahren erzählt sie Hanna Schott in einem Brief davon.

16. Januar 2007

Liebe Hanna,

du kannst dir gar nicht vorstellen, wie viel ich zu tun habe, weil ich doch immer noch im ganzen Land Vorträge halte. Zu Weihnachten hab ich mindestens 180 Briefe und Postkarten bekommen. Es wird sicher März, bis ich allen geantwortet habe. Obendrein hat meine treue alte Schreibmaschine den Geist aufgegeben, und jetzt sitze ich hier vor einem Ding, das ein halber Computer ist und mit dem ich nicht vertraut werde. Ich vertue mich immer mit den Zeilen, brauche zehnmal länger als früher und mache tausend Fehler, aber ich will dir doch schreiben, weil ich dir ja etwas über die Zeit nach meiner Pensionierung erzählen will.

Als ich mit 66 in den Ruhestand ging, wollte ich etwas Sinnvolles tun. Wie du weißt, haben meine medizinische Ausbildung, die mehr als zehn Jahre in Venezuela im Shell-Krankenhaus, wo ich eine leitende Stellung hatte, und vor allem meine Spanischkenntnisse zu meiner ersten Übersetzertätigkeit für die amerikanischen

Ärzten geführt. Wir reisten an Orte, die von der Welt abgeschnitten waren und wo niemals jemand einen Arzt gesehen hatte. Hotels oder Ähnliches gab es natürlich auch nicht, wir schliefen in unseren Schlafsäcken auf dem Boden irgendeiner Hütte oder Schule. Nach dem Aufstehen schüttelten wir als erstes unsere Schuhe aus, um sicher zu sein, dass kein Skorpion drin saß, dann ging es ins „Badezimmer", das heißt zu einer Vertiefung im Boden über der eine Plastiktüte mit Wasser hing. Zu allen drei Mahlzeiten des Tages gab es schwarze Bohnen – wenn wir im Tal waren, mit Reis, wenn wir in den Bergen waren, mit Getreide. Ich sehnte mich nach Brot und Kartoffeln, aber davon einmal abgesehen, war ich sehr glücklich über meine Arbeit und das Zusammenleben mit den Menschen dort. Sie hatten so wenig, wirkten so zufrieden und waren so dankbar für das, was wir für sie tun konnten. Dem ersten Einsatz folgte ein zweiter, ein dritter ... Schlussendlich bin ich fast zwanzig Jahre lang nach Mittelamerika gereist.

Eine Geschichte von all denen, die wir bei unseren Einsätzen erlebt haben, habe ich in besonders lebhafter Erinnerung. Ich war damals 80, es war irgendwo an der Grenze von Honduras und El Salvador.

Eine Geschichte von all denen, die wir bei unseren Einsätzen erlebt haben, habe ich in besonders lebhafter Erinnerung. Ich war damals 80, es war irgendwo an der Grenze von Honduras und El Salvador, ein Sonntag, unser freier Tag. Wir wollten es uns gerade gemütlich machen, als eine Delegation von einem entlegenen Ort mit sieben Pferden ankam. Der Bürgermeister ihres Dorfes sei vor kurzem operiert worden, jetzt sei die Wunde aufgeplatzt, der Mann könne in seinem Zustand nicht ins Krankenhaus transportiert werden, wo er operiert worden war, ob wir nicht kommen könnten, um die Wunde wieder zu verschließen, genug Pferde habe er ja dabei ... Ja, als Übersetzerin müsse ich unbedingt mitkommen. Blieb nur ein Problem: Ich hatte noch niemals auf dem Rücken eines Pferdes gesessen. Die anderen unseres Teams überlegten nicht lange, sondern nahmen sich jeder ein Pferd. Und schon stand ich vor dem einzigen, das übrig geblieben war. Wenn denn kein Weg dran vorbeiführt, will ich mich erst mal ein bisschen mit ihm anfreunden, dachte ich, und klopfte vorsichtig seinen Hals. „Tu das bloß nicht!", rief sofort einer der Indios, „dieser Gaul hat einen furchtbar schlechten Charakter!" Wie ermutigend …!

Es ging los: ein schmaler, steiniger Saumpfad am Hang, rechts der Berg, links der Abgrund. Ich lernte sofort meine erste Lektion: In Europa und den USA füttern die Bauern ihre Pferde, in Mittelamerika müssen sie sich ihr Futter selbst suchen. Und meins war offensichtlich sehr hungrig. Ständig blieb es stehen, um zu fressen – aber leider nicht auf der rechten Seite des Weges, sondern auf der linken! Ich hing also auf seinem Rücken und starrte in den Abgrund, während mein Gaul seinen Hals so weit hinunterstreckte, wie er konnte. Wir hatten Sattel, aber keine richtigen Zügel, sondern nur Stricke. Und auch keine Steigbügel, sondern rechts und links ein Seil in einer Schlaufe. Alles, was mir Halt geben konnte, war also der Sattelknauf. Ich kann dir sagen, am Ende des Tages waren die Spuren meiner Fingernägel im Knauf zu sehen! Mit meiner ganzen Angst um mein armes, teures Leben hatte ich mich festgekrallt.

Weil ich vor dem Losreiten gezögert hatte, war ich auch noch die Letzte in der Karawane, jedenfalls bis wir an einen Fluss kamen. Die anderen Pferde blieben im knietiefen Wasser stehen und genossen die Abkühlung. Nur mein verrücktes Ross preschte an ihnen vorbei. Ich sah am anderen Ufer nichts als Dickicht und hatte schon Angst, es würde mit mir einfach in den Urwald hineinrennen. Aber offensichtlich kannte es den Weg, fand einen Pfad im dichten Gestrüpp und trabte immer weiter. Ich rief nach den Docs, ich brüllte das Pferd an, aber offensichtlich verstand es kein Spanisch und dachte auch nicht im Traum daran, mal stehen zu bleiben. Wir kamen an eine Weggabelung, natürlich ohne irgendein Hinweisschild, aber mein Pferd stoppte auch hier nicht, bog ohne zu zögern nach links ab, und tatsächlich kamen wir nach einiger Zeit in einem Dorf an – und die anderen etwas später auch. Jetzt ging es aber nicht gleich zu dem Kranken, sondern zuerst mal in eine kleine Kirche. Einer der Männer, die uns gerufen hatten, war nämlich der

Pastor des Dorfes. Er predigte und ich übersetzte. Das klappte ganz gut, aber als er anfing zu beten, immer lauter und immer schneller, kam ich nicht mehr mit. Schließlich wurde gesungen, mit Begeisterung und im heißen Latino-Rhythmus. Als wir gebeten wurden, doch auch etwas zu singen, machte unser getragenes „Amazing grace" keinen besonders guten Eindruck. Endlich gingen wir zum Bürgermeister, unsere Docs versorgten die Wunde, nähten sie neu und gaben dem Patienten ein Antibiotikum. Es nahte der Ritt zurück – und ich bekam wieder schreckliche Angst. Ich glaube nicht, dass ich jemals sonst ein so naives Gebet gesprochen habe: „Herr, du weißt alles. Du weißt auch, wo ich bin. Bitte, schick einen Hubschrauber!" Da der Hubschrauber ausblieb, kletterte ich natürlich doch auf mein Pferd und durchlitt die Tortur noch einmal. War ich froh, als wir unser Dorf erreicht hatten!

Etwa drei Jahre später waren wir noch einmal in derselben Gegend. Das Dorf, in dem wir den Bürgermeister besucht hatten, war in jeder Regenzeit von der Welt abgeschnitten, weil der Fluss, den wir mit den Pferden durchquert hatten, zu einem reißenden Strom wurde und die einzige Brücke, die ihn überquerte, unter Wasser stand. Deshalb war vor kurzem eine schwangere Frau, die einen Kaiserschnitt gebraucht hätte, gestorben. Jetzt, wo es wieder möglich war, ins Dorf zu kommen, wollten wir deshalb noch einmal dorthin, um begabte Leute für eine medizinische Grundausbildung zu motivieren. Vielleicht kennst du „Where there is no Doctor", ein Crashkurs, der in viele Sprachen übersetzt worden ist und Leuten wenigstens eine Vorstellung davon gibt, was sie in Notfällen tun können. Als ich hörte, dass wir diese Tour noch einmal machen sollten, sagte ich sofort: „Ich gehe zu Fuß!", weil ich meinen eigenen Beinen immer noch mehr traute als einem fremden Gaul. Und siehe da, alle erklärten sich bereit, mit mir zu gehen, auch wenn es sehr viele Stunden dauern würde. Im Dorf angekommen, konnten wir uns leider auch nicht setzen, sondern gingen von Hütte zu Hütte, um mit den potentiellen Helfern zu sprechen. Wir konnten einige intelligente und willige Leute für die Ausbildung begeistern, und dann ging es zurück, wieder zu Fuß. Als wir unser Ziel schon fast erreicht hatten, ging es noch einmal bergauf. Das schaffe ich nicht mehr!, dachte ich, und nur mein Stolz hielt mich davon ab, es auch laut zu sagen. Aber ich wurde gerettet: Megan, die 16-jährige Tochter eines Arztes, der glaubte, seiner verwöhnten Tochter könne es nicht schaden, einmal diese Seite des Lebens zu sehen, setzte sich auf den Weg und sagte: „Ihr könnte ruhig alle weitergehen, aber ich mache keinen einzigen Schritt mehr. Ich bleibe hier bis morgen sitzen, und wenn ein Berglöwe kommt und mich frisst, dann ist es halt so. Ich kann nicht mehr." Also setzten wir uns alle hin und machten eine Rast. Ich bekam etwas Wasser (meine Flasche war schon leer), und danach schaffte ich den Rest der Strecke. Nur Megan musste von zwei Ärzten getragen werden. – Danke, Megan!

„Egal was ich werde, wichtig ist nur, dass mein Leben nicht langweilig wird!" Du siehst, mein Wunsch ist in Erfüllung gegangen.

Ich hab dir ja schon mal geschrieben, dass wir als Kinder in der Schule gefragt wurden, was wir werden wollten. Ich habe damals geantwortet: „Egal was ich werde, wichtig ist nur, dass mein Leben nicht langweilig wird!" Du siehst, mein Wunsch ist in Erfüllung gegangen. Und dazu hat mir Gott einen Glauben geschenkt, der mich immer durchgetragen hat. Denn das weiß ich: Ohne meinen Glauben wäre ich schon längst im Irrenhaus.

Lots of love and God's blessings on you,

Diet.

Isabel Conzen
(Name geändert)

Am Anfang stand der Wutanfall

Geht das? Mit Mitte fünfzig alles zurücklassen: die Ehe, die nach dreißig Jahren nicht mehr zu retten ist, den Kontinent, der keine Heimat mehr ist, die Freunde, die einen nicht mehr halten können? Isabel Conzen hat es gewagt. Sie zog zurück nach Deutschland und begann mit 54 Jahren eine Ausbildung.

Isabel Conzen, geb. 1940, ist Rentnerin, teilzeitbeschäftigt als Beschäftigungstherapeutin in der Altenarbeit, geschieden und Mutter von vier erwachsenen Kindern.

Mit über zweihundert Frauen saß ich an diesem Samstagmorgen im erleuchteten Kursaal an festlich gedeckten Tischen. „Drei gute Gründe, es nicht allen recht zu machen" war das Thema dieses Frühstückstreffens für Frauen. Während ich der Referentin zuhörte, begann ein Film in meinem Inneren abzulaufen, meine eigene Geschichte. Szenen wechselten in schneller Folge, Satzfetzen flogen vorüber, und dann blieb der Film abrupt stehen: Die Rednerin hatte gerade gesagt, dass wir Frauen manchmal einen Mutanfall brauchen, um etwas in unserem Leben zu verändern. Und da stand plötzlich diese Szene wie fotografiert vor meinem inneren Auge. Es war die Szene, die mein Leben gründlich verändern, ja, die den Beginn meines „zweiten Lebens" markieren sollte. Aber es war kein Mutanfall, den sie mir zeigte, sondern ein Wutanfall, wie ich ihn vorher noch nie erlebt hatte.

„Vor dem Mutanfall muss manchmal ein Wutanfall kommen",

sagte ich hinterher zur Referentin, und sie machte mir Mut aufzuschreiben, wie es dazu kam.
Ich und Wut? Das passt doch überhaupt nicht zusammen! Ich, die Pfarrerstochter, die Strebsame, Ehrgeizige, die Beste in der Schule, die immer bemüht war, alles bestens zu machen. Nicht mal im Sport war ich eine richtige Versagerin. Immer bemüht, keine Fehler zu machen, kein Schummeln, kein Schimpfen. „Du warst ihr immer eine liebe Tochter", schrieb mir eine Bekannte nach dem Tod meiner Mutter. Da passen doch Wut, Groll und Aggressionen nicht ins Bild. Das waren „sündige" Gefühle, die unterdrückt und bekämpft werden mussten. Gefühle ganz allgemein galten bei uns zu Hause eher als dem „fleischlichen Wesen" zugehörig. Man sprach generell nicht über sie, und erst recht nicht über negative wie Zorn, Schmerz, Ärger und Eifersucht. Und natürlich zeigte man Gefühle nicht. Es waren auch schwere Zeiten. Bei Kriegsende war ich fünf Jahre alt und wuchs mit drei Geschwistern im Pfarrhaus eines kleinen Dorfes im Erzgebirge auf. Und doch hatten wir trotz der schlechten Zeiten eine schöne Kindheit. Wie selbstverständlich wurden christliche Werte und Inhalte Teil meines Lebens: die biblischen Geschichten, die Kirchenlieder, die Gottesdienste, die Orgelmusik. Die alte Kirche war uns Kindern vertraut bis in den Glockenturm.

„Du warst ihr immer eine liebe Tochter", schrieb mir eine Bekannte nach dem Tod meiner Mutter. Da passen doch Wut, Groll und Aggressionen nicht ins Bild.

Der erste tiefe Einbruch in mein Leben geschah im Zusammenhang mit den Ereignissen des 17. Juni 1953. Volksaufstand. Mein Vater saß zum dritten Mal im Gefängnis und wartete auf seinen Prozess. Er wurde ganz plötzlich entlassen, und wenige Wochen später flohen wir nach Westberlin. Wir mussten alles zurücklassen, unser gesamtes Hab und Gut, unsere Heimat – ich verlor meine Kindheit.

Im Westen fanden wir eine neue Heimat und mein Vater eine Anstellung in einer Baptistengemeinde. Ich machte die Mittlere Reife am Gymnasium und begann eine Lehre als Buchhändlerin. In der christlichen Jugendarbeit im Nachbarort lernte ich meinen Mann kennen. Schon während unserer fast dreijährigen Verlobungszeit beschäftigten wir uns mit Fragen der Mission: „Missionarisch leben nach dem Vorbild des Apostels Paulus“, „als Missionare im Beruf“, „Gemeinsames Leben“ – dazu fühlten wir uns berufen. Und zur Verwirklichung dieser Berufung wollten wir ins Ausland gehen.

Im Februar 1965 war es so weit. Wir wanderten aus. Unser Ziel: Brasilien. Wir zwei mit unserer zehn Monate alten Tochter – das zweite Kind war unterwegs – und zwei junge Frauen bildeten die „Missionsmannschaft“. Unsere geistliche Heimat und unser Rückhalt in Deutschland war eine christliche, überkonfessionelle Bewegung, aber es gab keine finanzielle Absicherung, Verträge oder Garantien. Es war ein Glaubenswagnis. Wir zogen wie Abraham in ein unbekanntes Land, in der totalen Abhängigkeit von Gott. Er hatte uns gerufen, ihm vertrauten wir, dass er uns versorgen und uns den Ort und Auftrag, an dem er uns gebrauchen wollte, zeigen würde.

Als wir uns im Hamburger Hafen von unseren Familien und Freunden verabschiedeten, wussten wir nicht, ob wir sie jemals wiedersehen würden. Während der Streifen grauen Wassers zwischen dem Schiff und der Kaimauer immer breiter wurde, klang es durch das Schneetreiben von der kleinen Gruppe der Freunde und Angehörigen zu uns herüber: „Nun aufwärts froh den Blick gewandt und vorwärts fest den Schritt. Wir gehen an unsers Meisters Hand und unser Herr geht mit.“ Vierzehn Tage später landeten wir in Santos, dem Seehafen von Sao Paulo in Brasilien. Vertreter der deutschsprachigen baptistischen Einwanderergemeinden in Südbrasilien erwarteten uns.

Ich war jung, voller Tatendrang und Abenteuerlust und erfüllt von der Gewissheit, zu einem gemeinsamen Auftrag berufen zu sein.

Ich bekam später oft zu hören, dass es doch ganz schön mutig gewesen sei, solch einen Aufbruch ins Unbekannte zu wagen. Ich selbst empfand mich damals nicht als mutig.

Ich fühlte mich geborgen bei meinem Mann (mit keinem anderen hätte ich das Abenteuer Brasilien gewagt) und in unserer kleinen Gruppe. Ich war jung, voller Tatendrang und Abenteuerlust und erfüllt von der Gewissheit, zu einem gemeinsamen Auftrag berufen zu sein.

Zwei Jahre später ließen wir uns an dem Ort nieder, der uns zur Heimat werden sollte, eine kleine Kreisstadt in Südbrasilien. Dort begannen wir eine missionarische Arbeit unter der verarmten Landbevölkerung, den Nachfahren deutscher Einwanderer. Verkündigung des Evangeliums, Entwicklungshilfe für Kleinbauern, soziale Betreuung und Ausbildung entwickelten sich zu Schwerpunkten unserer Arbeit, die in den ersten Jahren unter schwierigsten Bedingungen stattfand: fünfzehn Jahre Leben ohne elektrischen Strom, mit schlechten Straßen, dem Postamt und der Telefonzentrale im sechs Kilometer entfernten Städtchen. Es waren harte Jahre, Aufbaujahre, die rund um die Uhr und rund um die Woche unsere Kräfte bis an die Grenzen und oft darüber hinaus forderten. Aus einer intensiven Hauskreisarbeit wuchs eine Gemeinde. In der Stadt entstand ein Wohnheim für Mädchen. Auf einem Bauernhof, sechs Kilometer von der Stadt entfernt, gründeten wir ein landwirtschaftliches Ausbildungszentrum für Jungbauern, dazu ein Internat. Später folgten die Umstellung auf ökologischen Landbau und eine Beratungsarbeit für die Kleinbauern der Region.

Mit den wachsenden Aufgaben wuchs auch der Kreis der Mitarbeiter. Wir lebten sehr bewusst und radikal als christliche Lebensgemeinschaft mit regelmäßigen Treffen, festen Gebetszeiten und gemeinsamen Mahlzeiten, anfangs auch in Gütergemeinschaft. Für unsere inzwischen vier Kinder war diese Gruppe ihre Familie, die eigenen Verwandten lebten ja im fernen, unbekannten Deutschland. Dort wuchs aber im Lauf der Jahre ein Freundeskreis, der die Arbeit geistlich und finanziell unterstützte.

Wir lebten sehr bewusst und radikal als christliche Lebensgemeinschaft mit regelmäßigen Treffen, festen Gebetszeiten und gemeinsamen Mahlzeiten, anfangs auch in Gütergemeinschaft.

Manchmal habe ich mich in späteren Krisenzeiten gefragt, wo denn in diesen randvollen Jahren unsere Ehe geblieben ist. Wie wenig Raum wir hatten, um unsere Beziehung zu gestalten und zu leben! Immer waren andere dazwischen. Bei Konflikten war es leicht, einander auszuweichen. Es gab immer dringende Aufgaben. Die Gespräche wurden zunehmend dürftig und ertranken oft in der abendlichen Erschöpfung. Dass etwas mit uns beiden nicht stimmte, begann ich an einer wachsenden Unzufriedenheit zu spüren, an einem Unbehagen, das ich damals nicht benennen konnte. Es gab Spannungen, Missstimmungen, wachsendes Schweigen. Mir war, als wenn wir uns allmählich voneinander entfernten. Wir litten beide darunter, waren aber nicht in der Lage, darüber zu reden. Und weit und breit war niemand da, der uns Rat und Hilfe hätte geben können.

Es gab Spannungen, Missstimmungen, wachsendes Schweigen. Mir war, als wenn wir uns allmählich voneinander entfernten. Wir litten beide darunter, waren aber nicht in der Lage, darüber zu reden.

Es kam wie ein Blitz aus heiterem Himmel: Mein Mann verliebte sich in eine andere Frau. Er nannte es Freundschaft, seelsorgerliche Hilfe, Fürsorge, Zuwendung – Argumente, gegen die ich ja nichts haben konnte. Das war alles nicht verkehrt, trotzdem stimmte irgendetwas nicht. Mir wurde der Boden unter den Füßen weggezogen, mein Bild von mir selbst zerbrach, Schuldgefühle plagten mich. Was hatte ich falsch gemacht? Ich fiel unvermutet in eine heftige Persönlichkeitskrise, die aber, wie ich es rückblickend erkenne, zu einem Wendepunkt wurde und zum Beginn eines langen Weges der Veränderung. Das Schlimmste in dieser Situation war das Gefühl der totalen Isolation. Ich hatte keinen Menschen, mit dem ich über meine Not, meine Fragen, meine Verwirrung hätte reden können. In meiner Isolation fing ich an zu schreiben: Tagebuch, lange Briefe an eine vertraute Freundin …, und ich entdeckte, dass sich dabei innere Klärung ereignete. Das Schreiben wurde mir zum lebensrettenden Medium.

Und dann kam der Tag, an dem ich erfuhr, dass ich doch nicht ganz allein war. An jenem Ostersonntagmorgen saß ich allein auf der Terrasse, alle anderen waren zum Gottesdienst gefahren. Fünf Wochen zuvor war mein rechtes Knie operiert worden, Meniskus- und Bänderriss. Nach fünf Wochen Gipsbein und Untätigkeit fühlte ich mich am seelischen Nullpunkt, nutzlos, für andere nur eine Last. Ich fragte Gott: Wer bin ich? Und vor allem: Wer bin ich ohne – ohne meine Familie, ohne meinen Mann, ohne meine Arbeit, ohne meine Leistung? Herr, sagte ich, heute gehe ich hier nicht eher weg, als bis du mir eine Antwort gegeben hast. Ich nahm meine Bibel zur Hand, und beim Blättern fiel mein Blick auf den Text in 1. Korinther 15,10: „Durch Gottes Gnade bin ich, was ich bin, und seine Gnade an mir ist nicht vergeblich gewesen." Der Heilige Geist „übersetzte" es für mich: Ich bin, weil Gott mich liebt; ich bin Gottes geliebte Tochter. Der Vater liebt mich so, wie ich bin … Und dann war alles Denken zu Ende. Ich fühlte mich von Gott, meinem Vater, in die Arme genommen. Ein unbeschreibliches Gefühl der Geborgenheit überwältigte mich. Ich brach in Tränen aus. Diese Erfahrung war der Anfang einer neuen Gottesbeziehung auf der Grundlage eines wachsenden Vertrauens, das mich durch tiefe Täler der Verzweiflung und Dunkelheit hindurch trug. Es war Ostern – Auferstehung. Am nächsten Tag fuhr ich in die Klinik, wo der Gips abgenommen wurde. Ich lernte wieder laufen.

Wer bin ich ohne – ohne meine Familie, ohne meinen Mann, ohne meine Arbeit, ohne meine Leistung?

In den folgenden Jahren lernte ich immer mehr, meinen eigenen Weg zu gehen, mich mit meinen Begabungen zu entdecken und ernst zu nehmen, mehr „Eigengewicht" zu gewinnen und mich aus inneren Abhängigkeiten von meinem Mann zu lösen. Diese Entwicklung nahm einige Jahre in Anspruch, dann kam der nächste Schock: Mein Mann nahm eine neue Beziehung auf, diesmal mit meiner besten Freundin. Er sah sich in der Rolle des Retters, der Frauen aus einer unglücklichen Ehe und aus der Gewalt herrschsüchtiger Ehemänner befreite. Die Affäre wurde zum Stadtgespräch. Nur weil das befreundete Ehepaar in eine weit entfernte Stadt zog, schrammten wir an einem Skandal vorbei.

Wäre ich in einer „normalen" Situation gewesen, hätte ich schon damals eine Trennung in Erwägung gezogen. Aber die Angst, alles zu verlieren, das Gefühl, für das Werk verantwortlich zu sein, dessen Bestand bei einer Trennung auf dem Spiel gestanden hätte, und der Gedanke an unsere Kinder hielt mich von diesem Schritt zurück. In den folgenden Jahren gab es unzählige Versuche von Freunden, uns zu helfen. Eine Ehetherapie wurde uns angeraten, aber mein Mann fand immer neue Ausflüchte, um ihr auszuweichen. Ich selbst lebte in einem Zwiespalt: Einerseits liebte ich meinen Mann, kämpfte um unsere Ehe und hoffte weiter. Andererseits litt ich unter der Entfremdung, dem eisigen Schweigen, den täglichen Auseinandersetzungen. Ich resignierte, war erschöpft und sehnte mich nur noch an einen Ort, wo ich einfach meine Ruhe hätte. Auch mein Körper reagierte auf die Dauerbelastung. Ich litt unter Schlafstörungen und Bluthochdruck. Alles schien wie in einem unaufhaltsamen Wirbel dem endgültigen Sturz in die Tiefe entgegenzutreiben.

Dann kam der Tag, den ich als den dunkelsten Tag meines Lebens in Erinnerung habe. Nach dem Mittagessen im Gemeinschaftshaus ging ich wie gewohnt zu unserem etwa hundert Meter entfernten Wohnhaus, bemerkte aber, dass ich etwas vergessen hatte, und kehrte um. Als ich die Treppe zum Speisesaal hinaufstieg, sah ich die beiden …, meinen Mann mit der jungen Frau eines Mitarbeiters, nahe beieinander in einer lockeren Umarmung, die viel Intimität ausstrahlte. Der Anblick dieser Szene war wie Blitz und Donner zugleich. Ich weiß nicht mehr, was ich sagte, ich weiß nur noch, was ich fühlte: Eine ungeheure Wut stieg in mir auf und überschwemmte mich förmlich. Niederträchtiger Verrat! Ich hatte es geahnt, aber nicht wahrhaben wollen. So ist das also, jetzt zeigst du

Eine ungeheure Wut stieg in mir auf und überschwemmte mich förmlich.

dein wahres Gesicht. Mistkerl! Dein doppeltes Spiel. Ja, ein Spiel ist es, nicht wirkliches Leben, ein Spiel mit immer gleichen Mustern, einmal, zweimal – und nun zum dritten Mal. Welch eine Demütigung! Aber jetzt ist es genug. Ich steige aus! Ich mache nicht mehr mit! Ich steige aus diesem Scheißspiel aus!

Es war wie eine Explosion, die Illusionen wegfegte und die Krusten der Angst und Gewissensskrupel zerbrach. Vieles geriet von da an in Bewegung; tiefgreifende Veränderungen bahnten sich an, nicht nur bei mir, sondern auch in unserer Mitarbeitergruppe, die ja unmittelbar mit betroffen war.

Aber zunächst war ich nur wütend. Ich nahm unser Auto und fuhr in die Stadt zu einer Freundin, bei der ich Frust, Wut und Traurigkeit hemmungslos herausließ. Ich übernachtete bei ihr, und am anderen Morgen geschah etwas Merkwürdiges: Als ich im Badezimmer vor dem Spiegel stand und mein übernächtigtes Gesicht sah, aus dem mich aber klare graue Augen ansahen, erfüllte mich plötzlich ein nie gekannter Stolz, eine neue Lebenskraft, und ich sagte laut zu mir selbst: Ich bin eine hübsche, liebenswerte, ansehnliche Frau. Ich will leben! Ich will leben! Ich will aufrecht stehen! – Und zum ersten Mal glaubte ich das auch.

Tagebucheintrag vom 31.5.1992:

„Was für die Raupe das Ende der Welt ist, nennt der Meister einen Schmetterling."

Ich bin aus meiner dunklen Hülle hervorgekrochen … .Den ganzen Tag schon staune ich unaufhörlich über mich selbst, ich fühle mich wie neugeboren … Die Furcht ist von mir abgefallen, mich schreckt nichts mehr: keine versteckte Drohung, keine Einschüchterungsversuche …. Wenn man nichts mehr zu verlieren hat, verliert man auch die Angst, etwas zu verlieren. In der Tat ist diese Verlustangst, die mich wie ein riesiger schwarzer Vogel mein Leben lang begleitet hat, verschwunden.

Ich spüre das Leben in mir als einen kraftvollen Strom. Ich habe mich noch nie so lebendig und voller Energie gefühlt wie gestern und heute ... Ich erlebe es zum ersten Mal, dass meine Wut sich in Kraft verwandelt. In mir herrschen Klarheit und Souveränität ... Ich fühle mich wie eine Königin. Als ich gestern heimkam, habe ich ausgiebig geduscht, mich von oben bis unten frisch angezogen, Gesicht und Hände gecremt. Ein schöner Pullover, mein bestes Parfüm – das waren meine Vorbereitungen für das entscheidende Gespräch. Wie die Königin Esther ... Ich schaue in den Spiegel und mag mich, ohne Abstriche, rundum, so wie ich bin.

Ich fühle mich frisch, obwohl ich die letzten Nächte nicht viel geschlafen habe ... Ich weiß ganz klar, was ich will, und gehe meinen Weg und lasse mich weder beirren noch manipulieren noch einschüchtern. Alles zusammen ist das eine fast berauschende Erfahrung. Noch immer kann ich's nicht recht begreifen, was eigentlich geschehen ist. Es hängt aber ganz sicher mit dieser „Wut im Bauch" zusammen, die ich diesmal aber nicht in sinnlosen Attacken habe verpuffen lassen, sondern wahrgenommen, angenommen ...

Manche Veränderungen wurden sofort spürbar. Zum Beispiel habe ich von diesem Tag bis heute nie wieder diese quälenden Dauerkopfschmerzen gehabt, die ich vorher kannte. Andere Veränderungen wuchsen langsam. Nach der Wut entwickelte sich eine neue Fähigkeit des Mitgefühls, die es mir heute ermöglicht, andere Menschen mit leidvollen Erfahrungen besser zu verstehen und zu trösten, aber auch zu ermutigen. Nachdem ich mich selbst angenommen hatte, konnte ich auch andere Menschen und ihren Wert anerkennen. Nachdem mein Vertrauen in Gott verankert worden war, lernte ich es mehr und mehr, mir selbst zu vertrauen, auf meine innere Stimme zu hören und damit unabhängiger von den Forderungen und Zwängen von außen zu werden.

Wie ging es weiter? Mein Mann war erst völlig überrascht und dann ratlos. Mit dieser „neuen" Frau konnte er nichts anfangen. Alle Erklärungsversuche waren vergeblich; bis heute ist er fest davon überzeugt, dass ich eine Verschwörung gegen ihn angezettelt habe, zumal die Auswirkungen der „Explosion" nicht auf unsere Ehe beschränkt blieben, sondern sich auf das gesamte Mitarbeiterteam ausweiteten. Es kam sehr bald im Leitungskreis unseres Werkes zu einer Führungskrise.

Es dauerte noch anderthalb Jahre bis zu unserer vorläufigen Trennung, eine Zeit des Ringens um Verstehen und Versöhnung von beiden Seiten, begleitet von einem Wechselbad der Hoffnung und Enttäuschung. Doch zu viel Vertrauen war zerstört worden, zu tief waren die Verletzungen und ganz unverändert die Haltung meines Mannes, der darauf bestand, die Beziehung zu der jungen Frau aufrecht zu erhalten. „Eher lasse ich dich los", sagte er. Daraufhin verlangte ich eine Entscheidung.

Ende 1993 kam es anlässlich des Besuchs der Vorsitzenden unseres Partnerkreises in Deutschland zu mehreren Entscheidungen. Mein Mann wurde aus der Leitung des Missions-und Entwicklungsprojektes entlassen, und wir vereinbarten, uns vorläufig für ein bis zwei Jahre zu trennen. Das bedeutete auch, dass uns die Existenzgrundlage genommen war und die Zukunft völlig ungewiss.

Ich möchte eine Ausbildung machen und eine eigene Existenz aufbauen. Das war mein „Herzenswunsch".

In einem weiteren persönlichen Gespräch kam ein bis dahin tief in mir verborgener Wunsch zum Vorschein: Ich möchte noch mal was lernen! Ich möchte eine Ausbildung machen und eine eigene Existenz aufbauen. Das war mein „Herzenswunsch", und ich wusste auch schon, was ich machen wollte: eine sozialpädagogische Ausbildung. Durch meine langjährige Arbeit mit Kolonistenfrauen und mit Vorschulkindern in einer „Spielstube" hatte ich meine Begabung für diese Tätigkeit entdeckt und wollte sie nun zu meinem Beruf machen.

Ein paar Wochen später erhielt ich einen Brief aus Deutschland: Ein Ausbildungsplatz an einer Fachschule für Sozialpädagogik stehe für mich in Aussicht, ich solle mich schnell entscheiden, da die Bewerbungsfristen schon abgelaufen seien. Noch in der Nacht schrieb ich einen Antwortbrief mit meinem Ja. Am nächsten Morgen – ich war inzwischen aus unserer Wohnung ausgezogen und wohnte bei

Freunden in der Stadt – schlug ich beim Frühstück die „Losungen" auf und las als Wort für jenen denkwürdigen Tag: „… und Jakob zog seinen Weg, und es begegneten ihm die Engel Gottes". Es berührte mich wie ein elektrischer Schlag: das Wort Gottes, so direkt an mich gerichtet, in meine persönliche Situation hineingesprochen. Ich brauchte nur meinen Namen einzusetzen, Isabel statt Jakob. In diesem Augenblick erhielt ich die feste Gewissheit: Das ist mein Weg, den Gott mir zeigt und mit mir gehen wird. Ich bin nicht allein, die Engel sind schon unterwegs. Unzählige Male ist mir diese Verheißung in den folgenden schweren Jahren zum festen Boden und inneren Halt geworden.

Und unsere Kinder? Wie haben sie den Weg ihrer Eltern über die Jahre hinweg beobachtet und erlebt?

In der Zeit, als sich die Krise zuspitzte, waren alles Kinder schon außer Haus. Trotzdem haben sie unter der Trennung ihrer Eltern gelitten, jedes auf seine Weise. Das war auch für mich der größte Schmerz, neben meinem eigenen.

Zu unseren eigenen vier Kindern war 1977 noch ein brasilianisches Pflegekind gekommen. Alle Kinder mussten mit 14 bzw. 15 Jahren das Haus verlassen, um in 300 bis 500 Kilometer entfernten Städten weiterführende Schulen und später die Universität besuchen zu können. Nur in den Schulfeien waren wir als Familie zusammen. In der Zeit, als sich die Krise zuspitzte, waren alle Kinder schon außer Haus. Trotzdem haben sie unter der Trennung ihrer Eltern gelitten, jedes auf seine Weise. Das war auch für mich der größte Schmerz, neben meinem eigenen. Heute bin ich dankbar, dass sie zu beiden Elternteilen den Kontakt behalten haben und dass meine Beziehung zu den Kindern sich positiv verändert hat. Sie ist „erwachsener" geworden. Meine älteste Tochter sagte einmal zu mir: „Mama, so wie du jetzt bist, kann ich viel mehr mit dir anfangen."

Ende Juni 1994 kam ich in Deutschland an, meine Habseligkeiten in zwei Koffern verstaut, fast wie ein Flüchtling. Ich war jetzt 54

Jahre alt. Hinter mir der Trümmerhaufen meines bisherigen Lebens, vor mir eine ungewisse Zukunft. Noch wusste ich nicht, von was ich meinen Lebensunterhalt bestreiten sollte. Doch in meinem Herzen trug ich die Zusage Gottes. Es war der absolute Nullpunkt, aber auch ein Anfang, der Beginn meines „zweiten Lebens". Ich hatte alles zurückgelassen: meine Ehe, meine fünf Kinder, unser neu erbautes Haus, viele langjährige Freunde und Mitarbeiter, mein Lebenswerk, meine Heimat – und viele Hoffnungen und Träume. Aber ich hatte ein konkretes Ziel: die Ausbildung und den Aufbau einer eigenen Existenz. Und ich hatte Freunde, die mir mit Rat und Tat zur Seite standen, die mir konkrete Hilfe anboten, aber auch Raum zum Reden; die ihre Häuser und Arme öffneten, um mir, der Heimatlosen, einen Ort der Geborgenheit zu schenken, wo ich mich fallen lassen konnte und aufgefangen wurde und wo ich auch meinen Schmerz, meine Trauer und Verletzungen zeigen durfte. Sie waren die „Engel", die mir begegneten. Ohne sie hätte ich die ersten schweren Jahre nicht überstanden.

Und ich hatte Freunde, die mir mit Rat und Tat zur Seite standen, die mir konkrete Hilfe anboten, aber auch Raum zum Reden; die ihre Häuser und Arme öffneten, um mir, der Heimatlosen, einen Ort der Geborgenheit zu schenken, wo ich mich fallen lassen konnte und aufgefangen wurde.

Im September begann ich meine Ausbildung, aber ich musste viel mehr lernen als nur das Fachwissen für meinen Beruf. Ich musste lernen zu leben, allein zurecht zu kommen, meine Rechte und Ansprüche zu vertreten, Entscheidungen zu treffen, mich im Dschungel von Behörden und unbekannten Vorschriften zurechtzufinden und mit einer unüberschaubaren Flut an Informationen und Warenangeboten fertig zu werden. Meistens war ich fix und fertig, wenn ich aus einem Supermarkt herauskam. Vor allem musste ich es lernen, mit der Technik umzugehen, schließlich hatte ich bis dahin weder ein eigenes Telefon, noch einen Fernseher oder gar einen Computer gehabt. Das ist heute noch mein Schwachpunkt.

Ich bekam Mut, Neues anzupacken und auszuprobieren. So fing ich an zu fotografieren und meldete mich später zu einem Malkurs an. Ich fand bald Anschluss an eine christliche Gemeinde, die zu meinem wichtigsten sozialen Umfeld wurde. Ein großer Trost war, dass meine beiden ältesten Töchter zu einer Zweitausbildung nach Deutschland kamen und so wenigstens ein Teil der Familie in der Nähe war.

Alle zwei Jahre flog ich nach Brasilien, um mein Aufenthaltsrecht nicht zu verlieren, denn ich hatte immer noch die starke Hoffnung zurückzukehren, mich mit meinem Mann zu versöhnen und einen gemeinsamen Neuanfang zu wagen. Die Gespräche zeigten aber, dass die Kluft zwischen uns immer tiefer wurde, vor allem im geistlichen Bereich. Wir fanden keine tragfähige gemeinsame Grundlage. 1997, wenige Monate nach meinem Fachschulabschluss, reichte ich die Scheidung ein, die später in Brasilien bestätigt wurde. Mehr als dreißig Jahre gemeinsamen Lebens waren zu Ende. – Einen letzten Versuch starteten wir bei meinem Brasilien-Besuch im Februar 2006. Wir nahmen uns viel Zeit, um alle Möglichkeiten eines gemeinsamen Weges, gerade auch im Angesicht des nahenden Alters auszuloten. Aber wir erkannten, dass unsere jeweilige Entwicklung uns zu weit voneinander entfernt hatte. Vieles war unumkehrbar geworden. Wir leben heute in verschiedenen Welten.

Tagebucheintrag vom 8. 3. 2006:

Abschied von W., eben jetzt. Er fuhr fort nach Hause, ich bleibe hier, auch vorläufig und unterwegs. Er geht seinen Weg, ich gehe meinen Weg, wir haben mit ehrlichem Herzen nach einem gemeinsamen Weg gesucht. Wir haben ihn nicht gefunden. Aus Hoffnung und Wünschen ist weder Enttäuschung noch Erfüllung geworden, aber Klarheit und Frieden – und das ist mehr, als zu erwarten war. Ich nenne es Gnade. Gott ist uns gnädig, Gott war uns gnädig, Er wird uns auch in unserem nun getrennten Altwerden gnädig sein. Er ist größer als unser Herz und unser Vorstellungsvermögen. Wir haben uns umarmt und geküsst und einander Gutes gewünscht. – Es ist ein bisschen Wehmut dabei, aber hat nicht Weh-Mut eben auch etwas mit Mut zu tun? Mit dem Mut, das Weh anzunehmen und es als Teil des Lebens zu integrieren? Das Weh in mein Herz hineinnehmen? Vielleicht wie ein Samenkorn? Wer weiß, was daraus noch werden und wachsen kann.

Heute lebe ich in einem kleinen Ort im Schaumburger Land. Mein Beruf als Beschäftigungstherapeutin für Senioren hat mich hierher verschlagen. Oder sollte ich besser sagen: Gott hat mich hierher gebracht? Immer noch bin ich mit ihm unterwegs, auf meinem „Abrahamsweg“, dem Weg des Vertrauens in der völligen Abhängigkeit von ihm. In einer christlichen Gemeinde habe ich einen Kreis von Freunden und Freundinnen gefunden, bei denen ich mich zu Hause fühle. „Wir sind deine neue Familie, du bist nicht allein“, haben sie zu mir gesagt. Seit ich in Deutschland bin – und das sind jetzt zwölf Jahre – habe ich zum ersten Mal das Gefühl, hier wieder so etwas wie Wurzeln zu schlagen, einen Ort zu haben, wo ich hingehöre. Heimat! „Gott hat mich wachsen lassen im Land meines Elends.“ Das sagte Josef über seine Zeit in Ägypten, und ich kann es auch sagen. Wo etwas anfängt zu wachsen, hat es zuvor Wurzeln geschlagen.

Heute bringe ich mich mit meinen Gaben und Erfahrungen in der Gemeindearbeit ein, vor allem im Seniorenkreis, und „tröste andere mit dem Trost, mit dem ich selbst getröstet worden bin“.

Renate Gutheil
(Name geändert)

Mehr als nur ein Scherbenhaufen

Eigentlich möchte man in diesem Alter die Früchte seines Lebens ernten. Doch dann fegt ein Lebenssturm alles weg. Mit 53 Jahren steht eine Frau vor einem Trümmerhaufen – und spürt dann doch plötzlich Rückenwind aus einer ungeahnten Richtung.

Renate Gutheil, geboren 1947, ist pensionierte leitende Angestellte, geschieden und Mutter einer Tochter.

Manchmal habe ich gedacht, jetzt schiebt Gott die Wolke weg. Für mich ganz persönlich. Weil ich nichts dringender brauchte als einen Sonnenstrahl-Gruß von oben. Meine Tochter hat mich ausgelacht: „So was gibt's doch nicht. Gott schickt dir doch nicht persönlich einen Sonnenstrahl!" Doch, hat er aber. Ich war zur Kur in einer psychosomatischen Klinik. Sechs Wochen Auszeit, weil nun wirklich nichts mehr ging. Und dort hat mich Gott angestrahlt.

Was passiert eigentlich mit einem Menschen, der mit 53 Jahren innerhalb kürzester Zeit alles verliert, was ihn bis dahin trug, ja, was sein Leben war? Der Ehemann macht nach 18 Jahren sein Verhältnis zur Schwägerin öffentlich, die Tochter bricht den Kontakt ab, auf der Arbeitsstelle im geliebten Beruf gibt es schreckliche Mobbing-Erfahrungen, das tolle Einfamilienhaus kommt unter den Hammer, und vom Vermögen ist nichts mehr übrig – nur noch Schulden. Heute habe ich neben meiner Pension einen 400-Euro-Job, um die Hypothek für das Haus zu bezahlen, das wir schon längst nicht mehr besitzen. Ich bin nach diesen Verlusten in dieser psychosomatischen Kur-Klinik gelandet und fühle mich dort bestens aufgehoben, weil ich viel, sehr viel begreife.

Ich habe schrecklich viel verloren und vielleicht deshalb den Mut, ehrlich zu werden. Ich stand plötzlich einfach nur noch nackt da.

Eigentlich war es ein Gefühl wie damals, als ich als kleines Mädchen hilflos der unberechenbaren Wut meines Vaters ausgeliefert war. Mit seinem Siebenstriemen mit Knoten hat Vater meinen kleinen gehörlosen Bruder und mich geschlagen. Meine Mutter kam auch manchmal dran. Sie hat sich nicht vor uns gestellt und geschützt. Sie war selbst so schwach. So schwach, dass sie uns abends wieder dem Vater auslieferte, wenn sie erzählte, was wir alles angestellt hatten. Ich weiß nicht, warum ihre Angst, den Mann zu verlassen und mit uns allein zu leben, größer war als die Angst vor seiner Brutalität. Größer als die Angst, wieder ein Wochenende ohne Geld gedemütigt durchstehen zu müssen, weil der Vater seine Lohntüte von Freitag bis Montagmorgen mit Kumpels und andern Frauen vertrank. Damals habe ich gelernt zu lügen, perfekt zu schauspielern, die Wut runterzuschlucken und daran zu glauben, dass, wenn man nur nett und folgsam ist, vielleicht doch alles irgendwie gut wird. Damit Geld ins Haus kam, ging Mutter, als wir groß genug waren, arbeiten. Nun musste ich nach der Schule die Wohnung aufräumen, einkaufen, das Essen kochen, die Stullen für den nächsten Tag schmieren und Hausaufgaben machen. Wenn ich alles vor fünf Uhr nachmittags schaffte, durfte ich noch nach unten zum Spielen. Manchmal habe ich es geschafft. Seitdem bin ich schnell. Und perfekt.

Wenn ich alles gut mache, sind Mutter und Vater nett zu dir. Ich muss es nur gut machen. Mein Lebensprogramm. Es legte sich wie ein Mühlstein auf meine Seele.

Wenn ich alles gut mache, sind Mutter und Vater nett zu dir. Ich muss es nur gut machen. Mein Lebensprogramm. Es legte sich wie ein Mühlstein auf meine Seele.

Deshalb scheiterten später auch meine Versuche, es mir mal so richtig gemütlich auf dem Sofa zu machen. Ich setzte mich mit einem Buch hin und überlegte dann aber minutenlang, ob ich auch alles geschafft hatte. Und nach zehn Minuten sprang ich wieder auf, weil mir immer etwas einfiel, was noch nicht erledigt war in Haus, Hof, Garten. Und Mann und Tochter wurden bei diesem Perfektionswahn direkt mit drauf gepackt. Alles musste stimmen.

Nie haben mich meine Eltern in den Arm genommen. Ich kann mich daran erinnern, dass meine Mutter mir einmal die Wange streichelte, als ich krank war. Seitdem war ich gerne krank. Aber die Wange hat mir Mutter nicht noch einmal gestreichelt.

Mein Vater nannte mich auch nie bei meinem Namen. „Tochter" war seine Anrede. Immer nur „Tochter". Die Eltern hielten uns immer auf Abstand.

Vor zwei Jahren hat mich mein Vater das erste Mal umarmt. Seitdem viele Male. Ich war 55 Jahre alt und er ein achtzigjähriger Mann. Dass ich, das *wir* das erleben durften! Erst im Alter hat er angefangen zu erzählen. Und ich habe angefangen zu verstehen. Wie er als Junge mit ansehen musste, dass sich sein Vater an Kindern verging. Er hatte sich damals geschworen: „Nie fasse ich ein Kind an!" Er hat es durchgezogen.

Mein Bruder und ich haben ihn als Kinder so sehr gehasst. Wie viele Male haben wir uns ausgemalt, ihn mit Rattengift zu töten. Ich kann mich noch heute gut hineinversetzen in Menschen, die im Affekt einen Menschen töten.

Ich habe kein Vermögen mehr, kein Haus und auch keinen Mann – aber unglaublich viel begriffen.

Für mich ist es heute ein Wunder, was sich alles in unserer Familie verändert hat. Ich habe kein Vermögen mehr, kein Haus und auch keinen Mann – aber unglaublich viel begriffen. Und Neues erlebt. Und das mit über fünfzig Jahren, denn erst da wurde mir klar, wie sehr meine Kindheit meinen Lebensweg bestimmt hat. Wie sehr mein Selbstbild davon geprägt war.

Mit neunzehn Jahren wurde ich schwanger. Ich war froh. Endlich weg von zu Hause. Mein Freund Dieter erschien mir auch ganz passabel fürs Heiraten. „Hast du denn nie gemerkt, dass er immer eine Fahne hatte, wenn er zu uns kam?“, fragte mich meine Mutter, als ich mich dann endlich nach vierzehn Ehejahren von ihm trennte, weil er sich mit großer Regelmäßigkeit fünfmal in der Woche betrank. Nur nicht donnerstags und sonntags. Nein, hatte ich nicht. Und als ich es bemerkte, war es erst einmal zu spät.

Zwei Jahre nach meiner ersten Scheidung heiratete ich einen etwas jüngeren Mann. Doch, wir hatten eine schöne Zeit. Ich bin sehr froh, das heute so sagen zu können. Nach all dem Schmerz, diesen miesen Verletzungen, wenn man betrogen wird. Alle sitzen Weihnachten bei Gänsebraten, Rotkohl und Klößen und wissen Bescheid, dass Schwager und Schwägerin ein Verhältnis haben, nur nicht die betroffenen Partner. Das ist einfach nur furchtbar. Hinterher versteht man, dass man amputiert worden ist.

Doch, wir hatten eine schöne Zeit. Ich habe mir diesen Satz zurückerkämpft. Durch allen Schmerz hindurch. Wir haben viele Länder bereist. Wir haben uns wirklich etwas aufgebaut. „Du wolltest immer höher hinaus“, hat meine Tochter mir mal später an den Kopf geworfen. „Erst eine, dann zwei Eigentumswohnungen, dann das riesige Haus. Es musste immer mehr sein, Mama.“ Klar, sie hat recht. Ich habe es ja damals selbst schon gespürt. Diese Leere, die so langsam hoch kroch, wenn das Rackern und perfekte Ausstaffieren nicht mehr helfen, wenn plötzlich alles hohl wird. Ich habe es gespürt und war doch gleichzeitig so hilflos. Mein Man sagte immer nur: „Es ist doch alles in Ordnung“, lag auf dem Sofa, trank Brause, aß Gummibärchen und sah fern. Später hat er zugegeben, dass er Jahre vorher angefangen hatte, seinen Ausstieg zu planen. Ganz bewusst. Er hat ihn sogar dokumentiert. Schritt für Schritt. Mir fielen später seine akribischen

Doch, wir hatten eine schöne Zeit. Ich habe mir diesen Satz zurückerkämpft. Durch allen Schmerz hindurch.

Aufzeichnungen in die Hände. Jede verlängerte Mittagpause, in der er sich mit der Schwägerin traf, stand drin.

Vielleicht habe ich den Menschen neben mir das Gefühl gegeben, sie müssten alles dokumentieren, um auf Nummer sicher zu gehen. Wie die Kollegen. Das war ja der zweite große Schlag, der mich in dieser Zeit traf. Das große städtische Unternehmen, bei dem mein Mann und ich in Leitungspositionen waren, wurde komplett umstrukturiert. Meine Abteilung wurde aufgelöst, und ich kam als Vorgesetzte in eine andere Abteilung. Mein Auftrag von oben hieß „Umstrukturierung". Bis dahin hatte mir das Arbeiten immer viel Freude gemacht. Nette Kollegen, gute Vorgesetzte. Von dem, was ich jetzt erlebte, hatte ich immer nur in der Zeitung gelesen. Es wurde gemauert, ich wurde nicht unterrichtet, wichtige Informationen wurden zurückgehalten. Die Kollegen notierten alle vermeintlichen Fehler fein säuberlich („Kollegin sagt auf dem Flur nicht richtig ‚Guten Morgen'", „… kommt morgens zum Begrüßungsrundgang nicht in die Büros"). Als ich acht Tage Urlaub hatte, sind die Kollegen dann zum Chef gegangen und haben ihm alles vorgetragen.

Das hat mich wieder so hilflos gemacht. Das hatte mir gerade noch gefehlt. Mein Mann war weg, die Immobilienpreise waren so in den Keller gegangen, dass unser Haus weniger als die Hälfte wert war, wir es einfach nicht losbekamen und Schulden obendrauf behalten würden, und nun hatten die Kollegen nichts Besseres zu tun, als mich zu mobben …

In diese Zeit fiel auch die Funkstille zwischen meiner Tochter und mir. Es gab nur die Postkartengrüße über Oma. Heute haben wir Gott sei Dank wieder einen wirklich guten Kontakt. Sie hat diesen Abstand gebraucht. Mein Perfektionswahn hatte auch sie getroffen, und sie musste sich innerlich abseilen. Erst nach der Auszeit habe ich gelernt, sie wirklich als einen erwachsenen Menschen zu sehen.

Das war alles ziemlich viel auf einmal. Ich kann nicht mehr! In mir schrie alles. Aber nach außen war ich immer noch die perfekt gestylte Frau, die alles im Griff hatte und lieber den Paketboten vor der Tür stehen ließ, als ihm ungeschminkt die Tür zu öffnen. Ja, so war ich immer noch. Noch hielt die Fassade. So saß ich auch eines Tages nach Dienstschluss auf der Heimfahrt im Auto. Nur hier ließ ich die Tränen laufen. Mich sah ja keiner. Musik dudelte aus dem Autoradio. Bis mich plötzlich diese Reportage gefangen nahm. Die freundliche Stimme aus dem Radio berichtete über eine christliche Frauenveranstaltung. Von einem Frauencafé mit Musik und einem interessanten Referat war die Rede. Eigentlich klang es überhaupt nicht besonders aufregend. Was hat mich wohl getrieben, die nächste Abfahrt anzusteuern, am Straßerand anzuhalten und die Telefonnummer zu notieren?

Heute glaube ich: So wirkt Gott! Er kommt manchmal so in unsere Gedanken, gibt uns Impulse, bringt uns zum Stoppen.

Am folgenden Samstag saß ich dann tatsächlich mit hundert anderen Frauen in einem Gemeindesaal. Wie lange hatte ich schon keine Kirche mehr von innen gesehen! Viele Worte wurden an diesem Nachmittag gesprochen, aber ein Satz traf mich wie ein Blitz: „Sie sind geliebt von Gott, so wie Sie sind. Er fragt nicht nach Ihren Leistungen.“ Das saß! Wenn es so einen Gott gibt, dann will ich ihn kennen lernen. Das war ein Anfang …

Heute glaube ich: So wirkt Gott! Er kommt manchmal so in unsere Gedanken, gibt uns Impulse, bringt uns zum Stoppen.

Aber eben erst ein zarter Anfang. Es kamen noch sehr schmerzhafte Monate. Diese Verluste auf allen Ebenen waren ja da. Jetzt bin ich in einer psychosomatischen Klinik und plötzlich ganz auf mich zurückgeworfen. Selbsterkenntnis kann ja so schmerzhaft und gleichzeitig so heilsam sein! Manchmal laufe ich in den Wald und schreie nur noch laut. Ich habe in diesen Wochen begriffen, dass ich mich hinter meiner perfekt gestylten Maske selbst total ablehnte. Ich fand meinen Namen scheußlich. Meine Stimme unerträglich.

Ich begriff, wie sehr ich mich hinter meinem tollen Styling, meiner Perfektion, meiner Beherrschtheit versteckt hatte.

Wütend sein. Unendlich traurig. Loslassen. Diese Wochen gleichen einer Achterbahn. Meine Gefühle jagen mich. Ich stürze. Und stürze nicht ab. Wie gut, dass ich vor der Klinikzeit schon von Gott gehört habe. Ich rede immer wieder mit ihm, besuche die Gottesdienste. Ich habe angefangen, ihm zu vertrauen. Für mich ist Gott ein Gott der Befreiung. Die Maskerade ist vorbei.

Protokoll: Claudia Filker

Doris Langner
(Name geändert)

„Alte Menschen hab ich einfach gern“

„Was machen wir mit Vater?“
„Mutter kommt allein nicht mehr zurecht.“
Irgendwann wendet sich das Blatt, und aus den fürsorglichen Eltern werden Menschen, die versorgt werden müssen. Wie lange können die alten Eltern in der eigenen Wohnung bleiben, soll man sie zu sich nehmen, oder ist eine Heimbetreuung nötig? Entscheidungen, die nicht leicht fallen. Und doch erleben manche Menschen, dass sie plötzlich einfach wissen, was für sie jetzt richtig ist.

Doris Langner, geb. 1942, ist Apothekenhelferin, verheiratet und Mutter von zwei erwachsenen Kindern.

Medikamentenpackungen, fein säuberlich sortiert in den Schubfächern. Der weiße, saubere Kittel. Ein guter Rat für einen unsicheren Kunden. Ich stehe so gern hinter der Theke „meiner“ Apotheke. Kompetent und freundlich. Ich liebe meinen Beruf als Apothekenhelferin. Eigentlich hätte ich ja eine Apotheke leiten können, wenn da nicht unsere Tochter unterwegs gewesen wäre. Damals konnte ich mir einfach nicht vorstellen, mit Kind mein Pharmaziestudium abzuschließen. Aber stundenweise gearbeitet habe ich immer. Die Apotheke war wie ein Rettungsanker für mich. Hier hatte ich den nötigen Abstand. So konnte ich das Schwere vergessen, den Kummer hinter mir lassen. Nein, das klingt jetzt auch nicht richtig. Ich habe einen lieben Mann, zwei wunderbare Kinder, gute Freunde. Aber oft war es einfach viel für mich. Zu viel? Ich weiß nicht so recht. Andere haben mir das oft gesagt. „Was mutest du dir zu, Doris?!“ Manchmal hörte ich da auch einen leichten Vorwurf.

So lange ich denken kann, gab es immer Menschen in unserer Familie, für die wir sorgen mussten. Schon meine Eltern waren in dieser „Sandwichsituation“. Sie haben die eigenen Eltern zu sich geholt und sich um das behinderte Enkelkind gekümmert. Wenn ich zurückblicke, wird mir klar, dass ich diese Situation als Jugendliche auch als belastend empfunden habe. Und für meine Kinder war es später sicher auch nicht viel anders.

Als ich 16 Jahre alt war, erkrankte meine Mutter an einem schweren Krebsleiden. Ich habe solch eine Angst um sie gehabt. Die Sorge um sie hat mich nie richtig losgelassen, auch wenn es ihr zum Glück dann noch viele Jahre recht gut ging. An meinem 31. Geburtstag wurden bei ihr Metastasen entdeckt. Sie wusste, dass sie bald sterben würde. Es fiel ihr so schwer, ihren Mann zurückzulassen. Wahrscheinlich fühlte ich mich auch deshalb so stark für meinen Vater verantwortlich. Als sie starb, wusste ich: „Jetzt müssen wir uns um Vater kümmern, ich muss Mutter für ihn ersetzen.“ Das war mir sonnenklar. Von diesem Tag an gehörte er wie ein Kind zu unserer Familie. Ich habe nie in Frage gestellt, dass Vater ganz von uns versorgt wurde. Wir haben viel mit ihm zusammen gemacht, und er hat jeden Tag bei uns zu Mittag gegessen. Dabei hatte ich immer auch das Gefühl, ich muss etwas zurückgeben. Meine Mutter hatte uns als Familie auch sehr unterstützt. Sie hatte mittags häufig für uns gekocht und die Kinder zu sich genommen, wenn ich in der Apotheke war.

Als sie starb, wusste ich: „Jetzt müssen wir uns um Vater kümmern, ich muss Mutter für ihn ersetzen.“

Vater war also einfach immer dabei, auch wenn er nebenan seine eigene Wohnung hatte. Beim Essen saß er mit am Tisch, bei Ausflügen stieg er ins Auto ein, im Urlaub waren wir nicht mehr als Familie oder Ehepaar allein unterwegs. Ich hätte es nicht übers Herz gebracht, ihn einfach zu Hause zu lassen. Auch nicht, als es ihm noch recht gut ging.

Vaters Verwirrtheit schlich sich ganz langsam ein. Er vergaß Absprachen, verlegte den Schlüssel, zog sich unpassend an. Zunächst war er einfach ziemlich „schusselig". So eine Demenz realisiert man als Angehörige ja erst nach einer ganzen Weile. Leute, die einen gewissen Abstand haben, sehen manchmal etwas klarer. Nach einer Seniorenfreizeit, auf die mein Vater mitgefahren war, sprach uns der Reiseleiter an: „Ihr könnt ihn nicht mehr allein fahren lassen." Da wurde uns klar, wie es um ihn stand: Vater war altersverwirrt.

Aus dieser Zeit könnte ich allerhand Geschichten erzählen. Einmal kam ich zu ihm in die Wohnung, und er war verschwunden. Das war ein Schreck! Wir haben sofort die Polizei benachrichtigt. Die fand ihn nach einigen Stunden an einer Straßenbahnhaltestelle. Später kam ich an einem Morgen mal in sein Badezimmer, und da saß er angezogen in der Badewanne. Zum Glück hatte er das Wasser früh genug ausgestellt. Ich mag's kaum sagen, aber es gab wirklich auch solche halb spaßigen Momente.

Eine Demenz schreitet langsam, aber unaufhaltsam fort. In seiner letzten Zeit hing er mir regelrecht am Rockzipfel. Das war wirklich anstrengend. Ich habe eine Weile gebraucht, bis ich realisierte, dass sich unsere Rollen wirklich komplett umgekehrt hatten: Er wurde das Kind, ich war die Mutter. Er fing tatsächlich an, uns „Mama" und „Papa" zu nennen.

Ich habe eine Weile gebraucht, bis ich realisierte, dass sich unsere Rollen wirklich komplett umgekehrt hatten: Er wurde das Kind, ich war die Mutter.

Es ist eine Zeit des langsamen Abschiednehmens. Ich denke, dies geschieht auf „beiden" Seiten. Wenn Vater seine Wohnung verließ, schrieb er vorher meist einen Zettel, den er auf seinen Küchentisch legte. Ich habe einen ganzen Stapel aufbewahrt. Auf einem steht „Ihr Lieben, danke für die Besuchsgenehmigung. Ich war heute mal wieder da. Euer Onkel Hans", oder: „Auf Wiedersehen, meine Lieben! Vielen Dank für die Gastfreund-

schaft. Ich fahre heute wieder heim. Ich wünsch euch alles Gute und Gesundheit." Ja, mit dem Heimfahren hat er es gehabt.
Mein Bruder hat immer wieder gesagt, dass wir ihn ins Heim geben sollen. Ich konnte das nicht. Acht Jahre war er dement. Kurz vor seinem Tod stürzte er und erlitt einen Oberschenkelhalsbruch. Nach dem Krankenhausaufenthalt war er noch fünf Wochen in einem Pflegeheim. Dort starb er. Ich bin froh, dass es so schnell ging. Ich gehe lieber auf den Friedhof als ins Pflegeheim.

Oft bin ich gefragt worden: „Wie schaffst du das nur?" – Was soll ich dazu sagen? Jeder muss in so einer Situation seinen eigenen Weg finden. Ich kann von mir sagen, dass ich alte Menschen unheimlich gern habe. Auch heute, nach dem Tod der Eltern und Schwiegereltern, gibt es in unserem Leben immer irgendwelche alten Menschen, um die wir uns kümmern. Ich würde nie jemanden verurteilen, der in der gleichen Situation anders handelt. Man muss prüfen, was einem möglich ist. Ich wusste immer, und auch mein Mann wusste es: Wir wollen es so.

Oft bin ich gefragt worden: „Wie schaffst du das nur?" Was soll ich dazu sagen? Jeder muss in so einer Situation seinen eigenen Weg finden. Ich kann von mir sagen, dass ich alte Menschen unheimlich gern habe.

Das ist natürlich überhaupt etwas sehr Wichtiges gewesen: Mein Mann und ich haben die Verantwortung immer gemeinsam getragen. Ich kann mir das auch nicht anders vorstellen. Und es war sehr hilfreich, dass mein Mann in den Vorruhestand gegangen ist. So konnten wir uns die Aufgaben teilen. Wir haben uns auch das „Nervenverlieren" geteilt: Wenn der eine die Nerven verlor, hatte der andere seine noch. Die mussten dann für beide reichen. Wenn wir wieder einmal das Geld suchten, das Vater von seinem Konto abgehoben hatte. War es diesmal in der Blumenvase oder im Kochtopf oder zur Abwechslung zwischen den Oberhemden?

Mein Mann und ich sind in unserer Ehe bisher zweimal allein weggefahren. Heute würde ich so gern mal zwei Wochen mit ihm Urlaub machen. Warum wir es nicht machen? Ich kann es nicht so recht sagen. Liegt es wirklich am Geld? Oder ist es doch immer wieder das gleiche mit uns beiden Unverbesserlichen? Immer wieder sind da Menschen, um die wir uns kümmern. Alte Menschen ziehen mich geradezu an. Wie gesagt, ich mag nun mal alte Menschen. Es gibt immer jemanden, den wir betreuen. Unser Enkelkind ist auch häufig bei uns. Einer Studentin aus Kenia finanzieren wir das Studium. Sie besucht uns auch oft. Ich weiß, andere finden das ein bisschen verrückt. Aber für uns stimmt es einfach.

Wenn mich manchmal Leute fragen, warum wir uns so viel kümmern – um unsere alten Eltern, die Enkelkinder, Studentinnen in Not – dann weiß ich nur eine Antwort: „Bei uns ist das so. Und ich würde es immer wieder so machen.“ Und noch etwas: Eine Erfahrung habe ich mein ganzes Leben gemacht: Gott gab uns nie die Kraft auf Vorrat, sondern immer, wenn wir sie brauchten. Ich habe gelernt, Gott zu vertrauen.

Protokoll: Claudia Filker

Marion Buchheister

Ganz schön alt! Aber auch ganz schön, so alt zu sein

Eine Frau nach ihrem Alter zu fragen, das scheint nach dem Einmaleins des guten Tons fast so unschicklich, als würde man sich nach dem Fassungsvermögen ihrer Harnblase erkundigen. Es ist verrückt, aber ab einer bestimmten Grenze gilt das Älterwerden in unserer westlichen Welt offenbar als persönliche Unzulänglichkeit.

Die Gerontophobie, die Angst vor dem Alter, scheint uns im Griff zu haben. Altwerden ist für die meisten Menschen der Inbegriff von Abbau und Verlust, von nachlassender Attraktivität, Langeweile und Vereinsamung, von Nutzlosigkeit und schlechter Gesundheit.

Die Zeit, in der gerade ältere Leute besonders respektiert, bewundert und für ihre Weisheit verehrt wurden, ist zumindest in unseren Breiten lange vorbei. Das war die Zeit ohne Druckerpresse, ohne Radio, Fernsehen und Computer, die Zeit, in der die Alten dafür zuständig waren, Wissen und Tradition an die nachfolgende Generationen weiter zu geben. Lang, lang ist s her!

Alter wird bei uns nicht über das definiert, was es *ist,* (zum Beispiel die Phase größerer Lebensweisheit), sondern über das, was es *nicht mehr ist.* Alter gilt dementsprechend vor allem als Verlust von Jugend. Und weil Jugend heute der Inbegriff von Attraktivität ist, gilt das Alter als Verlust eben dieser Attraktivität. Für eine hedonistische Gesellschaft ist Altern geradezu eine narzisstische Kränkung, als sinke der Selbstwert mit jedem Geburtstag ein bisschen mehr. Wenn bei uns Leute jenseits der 70 geehrt werden, geschieht das mit Sätzen wie „Trotz ihrer 72 Jahre …

… besucht sie *noch* regelmäßig die …
… macht sie *noch* allmorgendlich ihre 25 Liegestütze …
… trinkt sie *noch* allabendlich ihren Schoppen …

Darin steckt ganz bestimmt eine dicke Portion Wertschätzung. Aber bei näherem Hinsehen wird klar: Lobenswert sind dabei immer die Restbestände von Jugendlichkeit, nicht das erreichte Alter. Die Ehrung geschieht grundsätzlich mit Hilfe von „trotz", „noch" und „obwohl". Bestaunt wird, was trotz 60 noch so funktioniert wie mit 30.

Fast grotesk, sich vorzustellen, jemand begrüßt uns, schaut uns ins Gesicht und sagt: „Alle Achtung, soo viele Falten lassen aber geballte Lebenserfahrung vermuten!" Faltenfrei bis Hundertdrei, das ist der Trend. Das Gütezeichen für eine Frau mit 50 besteht laut meiner Freundin Antje darin, nicht so auszusehen wie eine Frau mit 50. Dass es, wie Erich Böhme einmal sinngemäß sagte, in unserem Land wimmelt von vergreisten Jünglingen (und den weiblichen Pendants, muss ich dazu anmerken) und es auf der anderen Seite jede Menge älterer, beweglicher, hochinteressanter Menschen gibt, das interessiert nicht in einer Gesellschaft, die sich nach Jahrgängen definiert.

Unsere Tochter sollte Passanten zwischen 35 und 60 Jahren nach ihrer Meinung zu bestimmten Fernsehsendungen fragen. Ihr Kommentar, als sie zurückkam: „Mama, ich habe selten so viele Leute auf einmal beleidigt."

Können Sie sich vorstellen, wen sie meinte? Alle, die sie mit den Worten: „Ich nehme an, Sie sind zwischen 35 und 60" befragen wollte und die entsetzt konterten, sooo alt seien sie ja nun wirklich noch nicht!

Jungsein ist in, Älterwerden bedauerlich. In der Werbung gibt es in der Hauptsache junge Leute zu sehen. (Nur Banken bedienen sich gern älterer Herren. Die stehen für Seriosität und Vermögen.) Und bei Werbespots, die Produkte für ältere Leute anpreisen, fällt auf, dass die Personen, die uns den Segen von Haftcreme, Inkontinenz-Einlagen und doppelten Herzen anpreisen, grundsätzlich jünger aussehen als die Altersgruppe, für die derlei Produkte gedacht sind.

Es ist, wie es ist. Jungsein ist gefragt. Ältere Leute – und aus dem Blickwinkel von Jugendlichen gehört man jenseits der 50 auf jeden Fall dazu – sind eher zu bemitleiden. Kaum verwunderlich, wenn wir jede Menge Geld, Zeit und Fantasie einsetzen, um den eigenen Alterungsprozess aufzuhalten, zu manipulieren oder wenigstens ein bisschen zu vertuschen. Es gibt für viele Frauen nun mal kein größeres Kompliment als: „Dir sieht man dein Alter aber wirklich nicht an!" Und solange wir dieses Lob derartig hoch hängen, solange werden wir eine große Bereitschaft aufbringen, wenigstens unseren aktuellen Zustand mittels Geld und Energie zu konservieren.

Der moralische Imperativ unserer Tage heißt: Halt dich jung! Und die Schönheitschirurgen sagen: Danke! Das Entdecken von kalorienreduzierter Nahrung und Anti-aging-Produkten avanciert zum Lebensinhalt, der Blick in den Spiegel zum Stimmungsbarometer.

Worum geht`s? Um Schelte auf die, die sich jenseits der 50 Restbestände von Jugendlichkeit bewahren wollen, indem sie die äußeren Spuren des Altwerdens zu vertuschen suchen?

Ach nein, ich sitze mit meinen 55 ja selbst im Glashaus, verfüge sowohl über Falten als auch über Pfunde und registriere eine gewisse Anfälligkeit für neue Produkte, die versprechen, das sowohl Falten als auch Pfunde sich mit ihrer Hilfe garantiert verflüchtigen. Wie sollte ich mir also herausnehmen, mit Steinen zu schmeißen? Nein, ich wettere weder gegen das Liften noch gegen sonstige Versuche, so lange wie möglich 39 zu bleiben. Ich glaube allerdings, dass Leute, die fröhlich älter werden und jenseits der 50 genauso gerne leben wie vorher, entschieden mehr tun, als Falten und Pfunde zu bekämpfen. Und dass dieses Buch einige dieser Frauen zu Wort kommen ließ, das freut mich außerordentlich. Alle Achtung für das, was da von den Frauen jenseits der 50 zu lesen war. Ich hab s genossen und mir hier und da „ein Scheibchen abgeschnitten". Keine wie die andere, aber eins ist ihnen gemeinsam: Sie haben ihr Älterwerden nicht resignierend *hingenommen*, sie haben es *angenommen und gestaltet.* Keine wie die andere, und doch gibt es bei ihnen einige übereinstimmende Muster.

Zum fröhlichen Älterwerden hilft also ganz offensichtlich …

1. … der Tatsache, dass man älter wird, ins Auge zu sehen

Klingt banal, ist aber schwerer als gedacht. Wie bereits erwähnt, ist es leider nicht die Minderheit, deren Lebensanschauung ein Älterwerden nicht zulässt. Nicht, dass sie verhindern könnten, alle zwölf Monate ein Jahr älter zu werden, aber sie glauben, dass ein ausgeklügeltes Anti-aging-Programm sie mit 50 genauso fit sein lässt wie mit 20. (Dass so manche Anti-aging-Heilsversprechen in erster Linie einen Wirtschaftszweig und nicht unser Wohl stärken sollen, wollen wir hier erst mal ausblenden.)

Nichts gegen Oil of sonst was! Und erst recht nichts gegen Sport! Und schon gar nichts gegen gute Ernährung! Aber wenn all das zum beherrschenden Thema wird, dann verrät es erstens, dass man im Älterwerden einen großen Feind sieht, den es mit allen Mitteln zu bekämpfen gilt, und zweitens verflüchtigt sich auf diese Weise nicht das Alter, sondern die Gelassenheit.

Wer glaubt, Altersfältchen seien mit der richtigen Creme auf jeden Fall vermeidbar, und wer dann doch eins entdeckt, verschrecklicht das Fältchen zur Falte. So ist das nun mal. Ein Problemchen, von dem wir meinen, wir hätten es vermeiden können, wird da, wo es dennoch auftritt, zum Problem.

Wer überzeugt ist, dass Sport ihm ewig straffes Bindegewebe garantiere, und wer eines Tages feststellt, dass sein Kinn sich unverschämterweise nicht die Bohne um derlei Garantievereinbarungen schert, der leidet mehr als jemand, der die eine oder andere Erschlaffung von vornherein mit einkalkuliert. Wer von morgens bis abends damit beschäftigt ist, zu tun, was jung hält, und zu meiden, was eben dies verhindert, der betreibt Symptomkosmetik und benimmt sich wie jemand, der glaubt, er müsse, um sein Auto fit zu bekommen, vor allem die Kontrolllämpchen am Armaturenbrett zum Verlöschen bringen. Und was noch schlimmer ist: dem bleibt wenig Energie für das, was tatsächlich hilft, fröhlich älter zu werden.

Sehen wir also den Tatsachen ins Auge,

- dem Geburtsdatum genauso wie dem Datum des heutigen Tages
- der wachsenden Anzahl von Jahren genauso wie den wachsenden Ringen, ob nun um Hüfte oder Augen
- den kleineren Kräften und dem größeren Bedarf an Pausen
- der Beobachtung, dass es zunehmend schwer fällt, drei Dinge parallel zu erledigen
- dem seltsamen Gefühl, wenn man im Bus zum ersten Mal einen Platz angeboten bekommt
- oder wenn junge Leute sich offensichtlich schwer tun, einen zu duzen, obwohl man es doch ausdrücklich angeboten hat.

Aber weil es Tatsachen im Zusammenhang mit dem Älterwerden nicht nur auf der Negativseite gibt, sondern vieles mit wachsendem Alter schlichtweg besser wird, deshalb gilt es, seine Aufmerksamkeit gleichmäßig zu verteilen und auch auf das zu lenken, was das Älterwerden an Gutem bringt:

- größere Reife und Lebensweisheit
- weniger Angst, sich zu blamieren
- tiefere Selbsterkenntnis
- einen Schatz an Erinnerungen, den einem niemand nehmen kann
- klarere Prioritäten, die nicht von jeder Mode neu in Frage gestellt werden
- die Fähigkeit, im Hier und Jetzt zu leben.

Für manche kommt noch die Freude an den Enkelkindern dazu. Und für alle die wunderbare Erkenntnis, dass der Glaube, jenseits der 50 gäbe es nichts mehr zu lachen, ein kapitaler Irrtum war. (Die Anlässe mögen sich ändern, sonst gar nichts!)

Den Tatsachen ins Auge sehen, akzeptieren, was ist, die Aufmerksamkeit gleichmäßig verteilen auf das, was an Möglichkeiten abnimmt, genauso wie auf das, was zunimmt, auf das, was schwer fällt, genauso wie auf das, was mit jedem Jahr leichter wird – so sieht unsere Aufgabe aus.

Warum es so wichtig ist, beides in den Blick zu bekommen? Damit wir dem in unserer Gesellschaft so negativ besetzten Bild vom Älterwerden etwas entgegenzusetzen haben. Denn eins ist klar: Ob nun diesseits oder jenseits der 50 – niemand kann uns ein Gefühl der Unterlegenheit aufzwingen, es sei denn, wir selbst stimmen ihm zu!

Überlegen Sie doch mal ganz konkret (und wenn Sie Papier und Stift zur Hilfe nehmen, ist es leichter, dran zu bleiben):

Was spüren Sie vom Älterwerden?

Was wurde schwieriger in den letzten Jahren? Was gilt es zu akzeptieren?

Was wurde besser? Was ist Ihnen vielleicht sogar erst jenseits der 50 möglich geworden?

2. … eine Zwischenbilanz zu wagen

„Ich muss Sie kurz schocken", sagt der Kursleiter. „Stellen Sie sich vor, es gehe um ihre Beerdigung! Viele sind gekommen, Nachbarn, Bekannte, die wenigen Freunde, die noch leben, zwei ehemalige Arbeitskolleginnen und natürlich Ihre Familie. Bei der Nachfeier halten drei der Trauergäste eine Rede. Und jetzt frage ich Sie: Was würde Sie freuen, über sich und Ihr Leben zu hören?"

Schock hin, Schock her, ich hab mir die Frage ernsthaft gestellt. Und herausgekommen ist Folgendes:

Freuen würde es mich, von meinen Kindern zu hören, dass sie gerne leben und dass ihre Mama dazu einen Beitrag geleistet hat. Schön wär s, wenn jemand sagte: Ihr war nichts Menschliches fremd. Sie konnte wunde Punkte ansprechen, ohne dass man sich dafür schämen musste.

Ich hätte auch gern, dass jemand sagt: Sie war von Natur aus eine Bedenkenträgerin, sie hat sich wenig Zeit für die sogenannten unnützen Dinge des Lebens genommen, aber als man ihr mit knapp

50 eine ungemütliche Krankheit attestierte, da hat sie tatsächlich noch gelernt auszuschöpfen, was jeder Tag an Wohltaten auf Lager hatte.

Und wenn ich mir vielleicht noch eine vierte Wortmeldung wünschen könnte, dann wär s schön, jemand sagte: Menschen haben sie am allermeisten interessiert.

So weit zu mir. Und was wünschen Sie sich? Was würde Sie freuen, über sich und Ihr Leben zu hören?

Ich kann es jedem nur empfehlen, sich das mal zu überlegen. Weil wir uns dabei unsrer tiefsten Überzeugungen und Ziele bewusst werden. Weil wir uns dabei fragen, ob wir auf dem Weg zu diesen Zielen sind und tun (!), was zu unseren tiefsten Überzeugungen passt. Oder ob wir die meiste Zeit mit Dingen beschäftigt sind, mit denen wir vielleicht alles Mögliche, aber nicht unsere Ziele erreichen. Dann ist es höchste Zeit, daran etwas zu ändern!

Professor Eugen Biser, ein Fachmann auf dem Gebiet der Altersforschung, sagte einmal sinngemäß: Die Hauptursache der Altersresignation, die sich, je nachdem, in Depression oder auch in Aggression äußert, ist die Enttäuschung über die eigene Lebensleistung, der Eindruck, das Leben nicht genug genutzt zu haben, und das Gefühl, genau daran nichts mehr ändern zu können.

Ich arbeite ehrenamtlich in einem Wohn- und Pflegeheim und finde diese These tagtäglich bestätigt. Je größer die Kluft zwischen dem, was jemandem wichtig ist, und dem, was er tatsächlich erreichen konnte, umso geringer die Lebenszufriedenheit. Je kleiner die Kluft zwischen Ideal und Wirklichkeit, umso stärker das Gefühl erfüllten Lebens.

Also dann: Was halten Sie für wichtig? Was möchten Sie am Ende Ihres Lebens geschafft haben? Was soll man einmal über Sie sagen können? Passt, womit Sie hier und heute die meiste Zeit verbringen, zu Ihren Zielen? Sind Sie auf dem Weg dorthin, oder verschieben Sie solche Fragen auf später? Was wollen Sie ändern?

3. … vorzusorgen statt zu grübeln

Ein seltsames Paradox: Die Altersangst ist riesig, aber die Bereitschaft, ihr durch Information und Planungen die Macht zu nehmen, ist verschwindend gering. Oder lassen Sie etwa Gedanken wie: „Wo, wie und mit wem will ich alt werden?", heute schon in Ihren Kopf?

Das hat noch Zeit? Frühestens ab 65?

Man kann das so machen. Meine eigene Mutter war diesbezüglich nicht zu schlagen. „Lass mich mit solchen Gedanken in Ruhe! Wer weiß, ob ich überhaupt jemals so alt werde! Ich bleib in meiner Wohnung (zweiter Stock im Uraltbau, kein seniorengerechtes Bad, 400 Kilometer von allen Kindern entfernt). Und wenn ich mal nicht mehr kann, dann ist mir alles egal, dann könnt ihr mich hinbringen, wohin ihr wollt." Soweit der O-Ton.

Mit Verlaub, ein solches Maß an Nachgiebigkeit wäre bei meiner Mutter höchstens in Kombination mit vollständiger geistiger Umnachtung denkbar gewesen. Davon war sie aber weit entfernt, als sie irgendwann nicht mehr allein in ihrer Wohnung bleiben konnte.

Was nun? Zu den Kindern wollte sie auf keinen Fall. (Von wegen „alles egal" …) Da war es ihr zu unruhig. Blieb also nur das Wohn- und Pflegeheim, fünf Minuten von uns entfernt. Ich hatte die Möglichkeit, jeden Tag bei ihr zu sein. Mein Bruder und seine Frau kamen, so oft sie konnten. Für unsere Mutter war das alles nur ein schwacher Trost, wie wir feststellen mussten. Es zählte nur, dass sie an einem Ort leben musste, für den sie sich nie freiwillig entschieden hatte. Frühzeitige Planung und ein rechtzeitiger Umzug, der es ihr möglich gemacht hätte, sich einzuleben und die neue Umgebung noch aktiv kennenzulernen, hätten ihr manches erspart. Nicht das Altenheim an sich ist schlimm. Die Unfreiwilligkeit macht es schlimm.

Wo, wie und mit wem wollen Sie alt werden? Warum nicht rechtzeitig planen und den Kindern Signale geben? Viele hoffen im Stillen, dass sie später mal zu ihnen ziehen können, ohne diesen

Wunsch je laut zu äußern, und dann finden sie sich im Heim wieder und oftmals so gar nicht zurecht. Die vorhersehbaren Veränderungen des Lebens planen, darum geht es. Es bleibt noch genügend, was sich unserer Planung entzieht!

Also: Wo, wie und mit wem will ich alt werden? Und was wäre die Alternative, wenn das nicht klappen sollte? *Vorsorgen statt grübeln* hilft, fröhlich älter zu werden.

Manchem graut es schrecklich vor Alterskrankheiten und langem Siechtum. Jeder Vierte behauptet, so das Hamburger Abendblatt, sich in solch einem Fall lieber umbringen zu wollen. Wie wäre es stattdessen mit einer Patientenverfügung, die einem ermöglicht, die Selbstbestimmung auch in Situationen wahrzunehmen, in denen man nicht mehr in der Lage ist, sich verbal zu äußern? Ich persönlich möchte für den Fall, dass mein Sterben absehbar geworden ist und eine gesundheitliche Besserung nicht mehr zu erwarten ist, keine lebensverlängernden Maßnahmen mehr über mich ergehen lassen. Und genauso steht es in meiner Verfügung.

Ich halte das Leben, das ausschließlich durch Apparate aufrechterhalten wird, nicht wirklich für einen Fortschritt. Und im Übrigen glaube ich, so gern ich auch auf dieser Welt lebe, dass mir das Beste noch bevorsteht und der Tod der Übergang ist zum Leben bei Gott. Auch das steht in meiner Patientenverfügung. Ist für den Arzt doch wichtig zu wissen, ob einer am Leben klebt oder anschließend noch was Schönes vorhat, oder? Außerdem habe ich meinem Mann für eine solche Situation die Vorsorgevollmacht erteilt, damit er mir hilft, meiner Patientenverfügung entsprechend behandelt zu werden. (Glauben Sie nicht, ein Ehepartner sei dazu automatisch befugt.)

Und noch etwas: Wenn all diese Wünsche zwar mündlich geäußert, aber leider nicht schriftlich vorliegen (und alle zwei Jahre erneuert werden), dann nützt es überhaupt nichts, wenn Partner und Angehörige sich ins Zeug legen und sagen, sie wüssten aber aus vielen Gesprächen bestens, was Marion B. möchte und was nicht. Wer Selbstbestimmung auch dann noch wahrnehmen möchte, wenn es ihm nicht mehr möglich ist, sich selbst zu äußern, der sollte sich baldigst eine Patientenverfügung besorgen. Die gibt es mittlerweile bei allen Kirchen und kommunalen Bürgerbüros.

Vorsorgen statt grübeln!
Viele zermartern ihren Kopf mit der Frage, ob die Rente reichen wird. Vielleicht wäre es stattdessen möglich, jeden Monat zehn Prozent des Gehalts als zusätzliche Rentenaufstockung anzulegen? Und wenn Sie dann noch Alexander von Schönburgs „Kunst des stilvollen Verarmens" lesen und dabei ganz nebenbei lernen, wie man ohne Geld reich werden kann, dann schrumpft die Angst vor der Altersarmut auf ein erträgliches Maß.

Vorsorgen statt grübeln!
Manche fürchten sich vor der Einsamkeit im Alter. Und vielleicht ist die in gewissem Maße tatsächlich unvermeidbar. Aber wenn ich hier und heute familiäre und außerfamiliäre Beziehungen pflege (hier und heute, wie gesagt, nicht erst in Zeiten, die weniger arbeitsintensiv sind), dann darf ich zumindest hoffen, später nicht zu vereinsamen. Jemand, der Kontaktpflege für verplemperte Zeit hielt, kann zwar mit 65 noch seine Meinung ändern, aber nicht mehr die Erfahrungen, die seine Mitmenschen bis dahin mit ihm gemacht haben. Es ist, wie es ist: Wir werden als alte Menschen nach nichts anderem als nach den Erfahrungen behandelt, die andere mit uns gemacht haben, als wir noch jünger waren. Grausam, wenn eine hochbetagte Heimbewohnerin weder von ihren Kindern noch von Nachbarn oder sonstigen Familienmitgliedern besucht wird. Aber ich vermute, es hat eine Geschichte und kommt nicht ganz von ungefähr.

Vorsorgen statt grübeln!
Auch dem zunehmend schlechten Gedächtnis ist mit Grübeln nicht beizukommen. Jeden Monat ein Gedicht auswendig zu lernen, ist effektiver.

Osteoporose ist durch Angst vor derselben nicht aufzuhalten, aber eine Ernährungsumstellung plus täglich eine halbe Stunde Bewegung mit dem Theraband bewirken Erstaunliches.

Vorsorgen statt grübeln!

Die Zahl der alleinlebenden Personen hat sich in den letzten 20 Jahren verdoppelt. In Deutschland gibt es mehr als 12 Millionen Singles. Die Vorteile ihrer Lebensweise liegen auf der Hand: Sie sind unabhängig und flexibel, haben viel Zeit für persönliche Interessen und sind niemandem Rechenschaft schuldig. Aber was, wenn Singles älter werden? Verkehren sich die Vorteile dann ins Gegenteil?

Sicherlich nicht zwangsläufig. Ich glaube allerdings, dass Singles das Thema Altersvorsorge noch konsequenter angehen sollten als andere. Man muss gar nicht bregenklöterig oder schrullig werden, aber 30 Jahre allein zu leben, das verstärkt nun mal den Eigensinn. Also, aufpassen, dass man „kompatibel" bleibt, und nicht verlernen, sich in Gemeinschaft mit anderen zurechtzufinden. Ob die Lebensgestaltung in späteren Jahren gelingt, das steht und fällt (für uns alle!) mit unserer Kontaktfähigkeit. Und wahrscheinlich müssen Singles dafür einfach mehr investieren als Leute, die ohnehin in ein familiäres Netz eingebunden sind.

Aus einer Studie der Universität Bamberg geht hervor, dass die größte Altersangst von Singles darin besteht, abhängig zu werden, dicht gefolgt von der Angst, von anderen bestimmt zu werden. Also sollte man gerade als Single frühzeitig Wohnformen ins Visier nehmen, die in späteren Jahren sowohl Individualität als auch Gemeinschaft mit anderen ermöglichen, wo man also zum Beispiel eine eigene Wohnung hat, es aber auch Gemeinschaftsräume gibt. Hochinteressant finde ich in diesem Zusammenhang die Beginen-Bewegung (www.beginenwerk.de). Ursprünglich waren Beginenhöfe wirtschaftlich autarke Wohngemeinschaften von alleinstehenden Frauen, die weder eine Ehe noch das Leben im Kloster anstrebten. Sie hatten oft großen Einfluss auf die Städte und Kommunen. Heutige Beginen stellen zwar keine autarke Wirtschaftsgemeinschaft mehr dar, sie legen aber, genau wie ihre historischen Vorbilder, großen Wert auf gemeinschaftliches Leben und darauf, ihre Potenziale in einen lebendigen Kreislauf von Geben und Nehmen einzubringen. Jede hat im Hof eine Wohnung für sich, darüber hinaus gibt es ausreichend Räume für gemeinsame Aktivitäten. Beginenhöfe gibt es in Berlin, Bremen, Bielefeld, Dortmund, Essen, Fulda, Krefeld, Rostock, Tübingen und demnächst auch in Köln.

Vorsorgen statt grübeln!

Georg Bruns, ein amerikanischer Komiker, sagte an seinem 100. Geburtstag: „Wenn ich gewusst hätte, dass ich so lange lebe, dann hätte ich besser vorgesorgt." Wir werden heute im Schnitt doppelt so alt wie unsere Urgroßeltern, anders gesagt: Wir sind heute lange alt. Da lohnt es sich, diese Zeit nicht dem Zufall zu überlassen, sondern zu planen, was man planen kann, und vernünftige Vorsorge zu leisten.

Dass allgemeine Tipps ihre Grenzen haben, ist mir bewusst. Leute jenseits der 50 sind schließlich keine Hunderasse, die man nur zu diesem oder jenem bewegen muss, um ein befriedigendes Ergebnis zu erzielen. Aber die Aktion *Vorsorgen statt grübeln* scheint mir für jeden wichtig.

Und was machen wir mit dem, was trotz allem noch an Sorgen übrig bleibt? Wenn ich nicht will, dass sie mich belagern, dann muss ich ihnen eine Alternative anbieten, eine andere Bleibe, sonst entspannt sich überhaupt nichts. Und für mich heißt diese Alternative: alles, was mir Sorge macht, meinem Vater im Himmel anzubefehlen. Er hat mich bis zu diesem Tag durch Höhen und Tiefen begleitet, ich wüsste keinen einzigen Grund, warum er für die Zeit jenseits der 55 davon absehen sollte.

4. … mit dem, was man hat, zu tun, was man kann!

Fröhlich älter zu werden, das hat offensichtlich ganz viel damit zu tun, dass jemand seine Möglichkeiten ausschöpft, seine Talente in Umlauf bringt und tut, was er kann. Nicht mehr und nicht weniger. Das gilt mit 50 genau so wie mit 85. Das gilt für Starke wie für Schwache, für Gesunde wie für Kranke. Tun, was man kann, nicht mehr, aber auch nicht weniger! Wer das hinkriegt, ist fein raus. Wir alle sind ja begabt in dieses Leben entlassen worden, ausgestattet mit Talenten. Und mit jedem von uns ist eine Idee verbunden, die Wirklichkeit werden will.

Also, was können Sie?

Hören? Sehen? Riechen, tasten, schmecken? Arme und Beine bewegen? Sympathie empfinden? Ihre Meinung äußern? Lieben?

Noch mehr?

Trösten? Stricken? Gut wirtschaften? Briefe schreiben? Kochen? Gut zuhören? Organisieren? Reparieren?

Können Sie vielleicht aus „nichts" etwas machen? Blumen pflegen? Sich mit anderen mitfreuen? Geduldig abwarten? Schnell reagieren?

Sie sind überrascht von dieser Aufzählung?

War etwa etwas dabei, das auf Sie zutraf, das Sie aber wirklich nicht für der Rede wert halten? Hatten Sie beim Stichwort Talente eher an Klavierspiel, Dichten oder Seidenmalerei gedacht? – Schade! Dann sind Sie (jedenfalls, wenn Sie weder Klavier spielen noch der Seidenmalerei mächtig sind) nicht weit davon entfernt, die eigenen Talente gering zu achten. Das wäre ein Jammer! Sich wie Brachland zu verhalten und in Wirklichkeit fruchtbarer Boden zu sein, das läuft nämlich geradewegs auf Selbstunterforderung hinaus, und die lässt schneller altern als tägliches Sonnenbaden. Wir reden viel vom Stress durch Überforderung, aber es gibt genauso auch den Stress durch Unterforderung. Noch einmal: Keine von uns ist unbegabt in dieses Leben entlassen worden. Und Talente gehören in Umlauf, das ist ihre Bestimmung. So sind wir gedacht von unserem Schöpfer. Möglichkeiten verpflichten, habe ich gerade in der Werbung vernommen, und das ist tatsächlich mal was Wahres. Einer für den anderen: Hilfe zum Leben!

Geht es hier etwa schon wieder um Sollen und Müssen? Nein! Alles freiwillig! Nur: Wer nicht tut, was er kann, der kann es schließlich auch nicht mehr, selbst, wenn er wollte. Freundlichkeit, die nicht geübt wird, ermattet irgendwann wie die Muskeln bei einem Bettlägrigen. Die Lust, Kontakte zu knüpfen, verflüchtigt sich, wenn man sie nicht lebt. Vielleicht war man früher ein ganz geselliger Typ, aber dann ließ die Lust nach, und immer mehr drängten sich Misstrauen und Vorbehalte in den Vordergrund. Und heute ist man meist für sich allein, wüsste auch gar nicht mehr, wie man so einfach auf andere zugeht … Früher schenkte man so gerne. Aber irgendwann begann man zu überlegen, ob der andere beschämt sein könnte, und eines Tages beschloss man, das Schenken einzustellen, weil sich angeblich sowieso jeder am liebsten selber kauft, was er nötig hat. Mit Verlaub: Viele misstrauische, gelangweilte und frustrierte Alte sind nichts anderes als ehemals Junge, die aufgehört haben, ihre Talente in Umlauf zu bringen.

Graue Menschenmäuse sind ja nicht etwa Exemplare, die ihrem Schöpfer weniger gut geraten sind, sondern Leute, die das, was sie konnten, für nicht wert geachtet und deshalb für sich behalten haben. Und dabei hat es sich bis zur Unkenntlichkeit verflüchtigt. Die beste Voraussetzung, fröhlich älter zu werden, besteht eben nicht darin, sich zu schonen, sondern zu tun, was man kann.

Also noch einmal: Was können Sie?

- Gemütlichkeit verbreiten? Dann tun Sie es! So vielen täte sie wohl.
- Schmerz verstehen? Dann lassen Sie andere davon profitieren. Wir sind im Wohn- und Pflegeheim 70 Ehrenamtliche. Und jeder von uns würde Ihnen bestätigen, dass Sie mit Ihrer Fähigkeit unbezahlbar sind.
- Leuten in Krisen beistehen?
- Sachlich diskutieren?
- Geld erübrigen?
- Mit wenig auskommen?
- Leute zum Lachen bringen?
- Über sich selbst lachen?
- Sich mit künstlerischen Mitteln ausdrücken?

- Singen?
- Außenseiter verstehen?
- Interesse für andere Menschen aufbringen? Dann leben Sie das! Interesse ist das größte, was man einem Menschen schenken kann. (Und ganz nebenbei: Wussten Sie, dass einer, der sich zwei Monate lang für seine Mitmenschen interessiert, mehr Kontakte findet als der, der zwei Jahre lang krampfhaft versucht, seine Mitmenschen für sich zu interessieren?)

Was bremst Sie, Ihre Talente in Umlauf zu bringen?

Dass Sie allzu oft gehört haben: „Lass sein, das machen andere besser!" Oder: „Aus dir wird nie was!"?

Das sind doch Verlernsätze! Sätze, die nichts mit Ihnen, aber ganz viel mit denen zu tun haben, die sie gesagt haben. Vielleicht passten Sie nicht in ihr Konzept. Das ist alles. Man macht es mit seinen Talenten nie allen recht. Hauptsache, man zieht daraus keine falschen Schlüsse und verkrümelt sich. Viel besser ist es, nach denen zu suchen, die gebrauchen können, was man zu bieten hat.

Was bremst?

Sie wissen gar nicht so recht, was Sie können? Vielleicht wurde bisher wenig von Ihnen verlangt. Vielleicht wurden Sie verwöhnt, andere erledigten fortwährend, was eigentlich Ihre Sache gewesen wäre. Dann weiß man nachher gar nicht mehr, wozu man selbst in der Lage ist.

Dann ist Nachholen angesagt, noch einmal ganz genau hinsehen und fragen: Was liegt mir? Und auch andere fragen, „Anlage-Berater" suchen! Fragen: Was glaubst du, wo liegen meine Stärken? Und dann ausprobieren und tun, was Sie können, nicht mehr, aber auch nicht weniger. Möglichkeiten verpflichten. Das ist das eine. Und das andere: Man selbst geht dabei keineswegs leer aus.

In den letzten Jahrzehnten ist ungewöhnlich viel Energie darauf verwandt worden, unserem Leben mehr Jahre zu geben. Wer mit dem, was er hat, tut, was er kann, gibt seinen Jahren mehr Leben. Und das ist vielleicht sogar noch wichtiger.

Das ist speziell für das weibliche Geschlecht eine Herausforderung, denn das Versorgen, Tragen, Betreuen, auch über die eigenen Kräfte hinaus, gilt seit eh und je als wichtigster Punkt unserer Stellenbeschreibung. Und bei aller geglückten Emanzipation sind es laut Statistik immer noch die Frauen, die sich neben einer Erwerbstätigkeit hauptverantwortlich für das Wohlbefinden der Familie fühlen, während das Gros der Männer diese Aufgabe bereits durch den Broterwerb erfüllt sieht.

Frau steht nun mal für Fürsorge. Der Haken daran ist die kurze Entfernung zwischen Fürsorge und Überfürsorge. Solange alles läuft, ist es einfach. Aber wehe, Mann oder Kinder haben Probleme. Dann scheint Frau immer noch geneigt, die Verantwortung für dieselben zu übernehmen und auf ihre eigenen Schultern zu packen.

„Echte Liebe sorgt sich immer“, verteidigte meine Mutter ihre übergroße Fürsorge. Sie pflegte ein Liebesideal, das die Probleme ihrer Kinder zu ihren eigenen machte. Sie wünschte sich sehnlichst, ihre Kinder könnten Lebenserfahrungen sammeln, ohne den anstrengenden Umweg, aus eigenen Fehlern lernen zu müssen oder, schlimmer noch, erst aus Schaden klug zu werden. Sie hat es gut gemeint, ohne Zweifel. Aber sie hat einen hohen Preis dafür bezahlt: Ihre Gelassenheit blieb auf der Strecke. Schlaflose Nächte trübten ihre Tage.

Ohne Zweifel: Überfürsorge ist sicher gut gemeint, aber sie macht einen selber fix und fertig, und dem anderen, dem man mit seiner Überfürsorge zusetzt, spricht sie immer ein Stück Mündigkeit ab. Ganz ohne Worte teilt sie ihm mit: Du bist ja nicht in der Lage, deine Dinge selbst zu regeln. Also lass mich das lieber für dich erledigen. Dass wir damit genau das verhindern, was wir doch eigentlich so gern erreichen wollen, nämlich unsere Kinder lebenstüchtig zu machen, das wird uns vielleicht erst später bewusst.

Ich kenne das. Wie lange hab ich unsere großen Kinder Morgen für Morgen geweckt, fest davon überzeugt, sie würden sonst nicht aufstehen, ungewaschen, mit leerem Magen oder überhaupt nicht zur Schule gehen. In Wirklichkeit standen sie so lange nicht auf, wie sie sich auf meinen Weckdienst verlassen konnten. Aber dann sagte mir jemand: Wer seine (beinah schon erwachsenen) Kinder liebt, der lässt ihnen ihre Probleme, denn die sind die Voraussetzung dafür, weitere Probleme meistern zu lernen. – Hui! Das saß und sitzt zum Glück bis heute.

Wer sich, während seine Kinder immer selbständiger werden, neuen Themen öffnet, eine andere Arbeit annimmt, sich ehrenamtlich engagiert oder Weiterbildung betreibt, der macht es sich selbst gleichzeitig leichter, die Verantwortung für die Kinder mehr und mehr loszulassen. Das gelingt doppelt gut, wenn wir die Sorgen um unsere Kinder (und erwachsene Kinder eignen sich als Sorgenobjekt erschreckenderweise ja noch viel besser als die Kleinen, die wir dicht bei uns hatten) unserem Vater im Himmel anbefehlen. Es macht den Kopf frei, um für die Kinder dann tun zu können, was ihnen wirklich nützt, und um lassen zu können, was uns überfordert und die Kinder entmündigt. Wir würden jedem den Vogel zeigen, der von uns erwartete, zu unserem eigenen Gewicht weitere 100 Kilo durchs Leben zu schleppen. Mit derselben Beherztheit sollten wir uns der Energieverschwendung verweigern, auf *unsere* Schultern zu packen, was eigentlich von anderen bewältigt werden sollte.

Und noch etwas: Unnötigen Ballast trägt nicht nur, wer anderer Leute Probleme zu seinen eigenen macht. Unnötig bepackt ist auch jeder, der sich Unversöhnlichkeit leistet. Wir kennen das „Nachtragen“ als Beziehungskiller, ganz klar! Aber Unversöhnlichkeit zählt darüber hinaus zu den heftigsten selbstschädigenden Mitteln, die einer gegen sich anwenden kann. Wer nachträgt, hat vor allem selbst schwer zu tragen, und das schluckt Energie. Anhaltende Feindseligkeit, da sind die Fachleute sich einig, ist physischer Kräfteverschleiß und mindert die Hirnkapazität. Nichts, um fröhlich älter zu werden. Anhaltende Feindseligkeit gilt als entscheidende Zutat, die aus der Mischung von Hetze und übersteigerter Leistungsmotivation jenes explosive Gemisch macht, das oft genug zum Infarkt führt.

Wer nachträgt, sagt meine Freundin Antje, benimmt sich wie einer, der Rattengift zu sich nimmt – in der Hoffnung, dass die Ratten daran sterben. Starkes Bild, oder? In Wirklichkeit lachen die Ratten sich schief, und wer das Nachsehen hat, ist klar.

Unversöhnlichkeit schadet vor allem dem, der sie hegt. Und sie zeigt an, dass jemand einfach noch nicht klarkommt mit dem, was ihn verletzt hat. Das ist, wie es ist, aber es muss nicht so bleiben! Und wenn es eine Situation gibt, in der Sie sich unbedingt Hilfe durch Seelsorge und Beratung gönnen sollten, dann die, in der sie merken: Ich werde einfach nicht fertig mit dem, was man mir angetan hat. Und ich bin es leid, kostbare Energie mit Nachtragen zu vergeuden.

Ein Letztes: Unnötigen Ballast schleppt natürlich auch, wer sich selbst die eigenen Fehler nachträgt. Sie werden auf diese Weise nicht ausradiert, und durch erbarmungslose Selbstbeschimpfung wird auch sonst nichts Gutes erreicht.
Das einzig Sinnvolle ist, sich selbst zu verzeihen,

- was man seinen Kindern schuldig geblieben ist. (Für manches kann man sie aufrichtig um Verzeihung bitten, anderes ist einem gar nicht bewusst, aber Gott sei Dank sind unsere Kinder mehr als das Produkt unserer Erziehung.)
- was man seinen Eltern schuldig geblieben ist. (Ehre, die sie nicht mehr erreicht, kann ich zumindest anderen zuteil werden lassen.)
- was ich an Chancen vergeben und an Weichen falsch gestellt habe.
- dass ich Raubbau an meiner Gesundheit getrieben habe: jedes Zuviel an Arbeit, an Essen, an Perfektionsstreben, das an anderer Stelle ein Zuwenig hinterlassen hat.

Ach, es gibt für Selbstbeschimpfung Stoff en masse. Und auch wenn die noch so sehr nach Demut riecht, sie nährt sich doch nur aus Stolz und Ärger, nicht zu sein, wie wir gern sein würden. Es gilt, spätestens mit 50 endlich anzuerkennen: Wir sind nicht vollkommen. Und auch Scheitern gehört zu unsrem Repertoire. Wir werden nach diesem Zugeständnis nicht häufiger scheitern, keine

Angst! Aber wir werden barmherziger mit anderen sein.

Sich selbst vergeben. Sich nicht lähmen lassen durch Selbstbeschimpfung. Die Energie lieber dazu nutzen, aus den Fehlern zu lernen, und, wenn möglich, wiedergutzumachen, was wir verpatzt haben. Im Neuen Testament kann man dazu lesen: „Wenn wir unsere Sünde bekennen, ist Gott treu und gerecht, dass er uns die Sünde vergibt und uns reinigt von aller Ungerechtigkeit.“ Das will ich ernst nehmen. Also:

Ballast abwerfen!

Nicht moralischer sein wollen als Gott!

Nicht auf Selbstanklage beharren, wo Gott längst für Freispruch plädiert hat.

6. … beizeiten zu le rnen, sich helfen zu lassen

Das klingt so leicht und ist für manche schier das Schwerste. Ihr höchstes Ideal ist nämlich, niemanden bemühen zu müssen. Sie halten es für eine Tugend, auf keinen Menschen angewiesen zu sein. Diese Art von Zielvorstellung kann man sich aber bestenfalls leisten, solange man jung und fit ist. Leider lässt sie sich aber, wenn man eines Tages nicht mehr allein zurechtkommt, nicht einfach mal schnell korrigieren. Und dann entsteht nicht selten eine unangenehme Situation. Man ist gezwungen, Hilfe anzunehmen. Gleichzeitig verachtet man sich dafür, denn meilenweit von der eigenen Ideal-Vorstellung entfernt findet sich kein Mensch ok! Das wiederum erschwert den Umgang mit diesem Menschen ungemein.

Eine Altenpflegerin sagte mir: „Wie leicht oder wie schwer einem die Pflege alter Menschen fällt, das entscheidet sich nicht am Gewicht des zu Pflegenden, sondern daran, ob er gelernt hat, sich dankbar helfen zu lassen.“ Und wenn Sie jetzt stöhnen, weil ich schon wieder ein Beispiel aus dem Altenheim gewählt habe, bleibe ich trotzdem dabei: Sich dankbar helfen zu lassen, das lernt man am besten in jüngeren Jahren. Wer damit wartet, bis er nicht mehr allein zur Toilette gehen kann, der wird sich doppelt schwer tun.

Also geht es darum, dieses fragliche Ideal, auf niemanden angewiesen sein zu wollen, vom Sockel zu stoßen. Gottes Idee sieht seit eh und je vor, dass wir Menschen füreinander Gehilfen zum Leben sind. Und Überlebenskünstler, so lehrt uns die Psychologie, sind solche, die es eben *nicht* darauf anlegen, alles alleine zu schaffen. Sie haben es raus, klar und freundlich ihre Bitten und Wünsche zu äußern. Sie wissen nicht nur, was sie *nicht* wollen. Sie wissen, was sie wollen. Sie gehen innerlich aufrecht und sind bei alledem integrationskompetent, zu Deutsch: Sie können ihre Wünsche freundlich vorbringen, nehmen Hilfe an und geizen nicht mit Dank.

Üben wir uns darin. Es macht das Leben für uns, genauso wie für die, die mit uns umgehen, schon hier und heute schöner, ist eine prima Vorsorge für später und hat ansteckende Wirkung. Denn man kann jemanden noch so oft auffordern, doch endlich Hilfe anzunehmen – wirklich ermutigt wird er, wenn ich ihm mit meinem Verhalten ein Beispiel liefere.

So, es reicht mit den Tipps zum fröhlichen Älterwerden. Die Liste erhebt absolut keinen Anspruch auf Vollständigkeit. Führen Sie sie mit Ihren Erfahrungen mit sich und anderen einfach weiter! Und wenn Sie dann noch darauf Acht geben, mit dem Leben hinterherzukommen, statt mit Ihren klugen Erkenntnissen all zu sehr im Voraus zu sein, dann stehen die Chancen, fröhlich zu bleiben, durchweg gut. Also leben Sie wohl! Wenn auch niemand von uns bestimmen kann, wie alt er wird – *wie* wir alt werden, das können wir, wenn auch sicher nur zum Teil, selbst mitbestimmen.

Arthur Rubinstein war 82, als er nach einem Klavierkonzert gefragt wurde: „Wie schaffen Sie das in Ihrem Alter?“ Seine Antwort: „Ich habe mein Repertoire verringert, übe das, was ich spiele, mehr als früher, und weil ich die Stücke nicht mehr so schnell spielen kann wie bisher, erlaube ich mir einen Trick: Vor besonders schnellen Passagen verlangsame ich das Tempo. Und im Kontrast zu diesen Passagen erscheinen die folgenden dann schnell.“

Ganz schön pfiffig, oder?

Auf jeden Fall gefällt es mir. Jemand lebt mit seinem Älterwerden. Nicht, dass er es ignoriert, aber er bejammert es auch nicht. Er schenkt ihm exakt so viel Beachtung, dass das Älterwerden nicht ihn, sondern dass er das Älterwerden beherrscht.

Mit dem, was du hast, tu, was du kannst! Erinnern Sie sich? Wenn wir uns daran halten, werden wir beschäftigt sein – und ausgefüllt. Für das Bejammern unserer Handicaps bleibt dann, Gott sei Dank, nicht mehr allzu viel Zeit.